C & Q

Indicadores de Qualidade: uma abordagem perinatal

Dados Internacionais de Catalogação na Publicação (CIP)
(Câmara Brasileira do Livro, SP, Brasil)

C & Q: indicadores de qualidade / uma abordagem perinatal / organizadores Tamara Iwanow Cianciarullo, Dulce Maria Rosa Gualda, Marta Maria Melleiro. – São Paulo: Ícone, 1998.

ISBN 85-274-0530-X

1. Bebês recém-nascidos – Cuidados médicos 2. Controle de Qualidade 3. Enfermagem Perinatal 4. Perinatologia 5. Serviços de Saúde Materna I. Cianciarulli, Tamara Iwanow. II. Gualda, Dulce Maria Rosa. III. Melleiro, Marta Maria.

98-2257
CDD–618.32
NLM-WS 420

Índices para catálogo sistemático:

1. Assistência perinatal: Controle de qualidade: Médicina   618.32
2. Saúde perinatal: Controle de qualidade: Medicina   618.32

C & Q

Indicadores de Qualidade: uma abordagem perinatal

Organizadoras

TAMARA IWANOW CIANCIARULLO

DULCE MARIA ROSA GUALDA

MARTA MARIA MELLEIRO

Ícone editora

© Copyright 1998.
Ícone Editora Ltda.

Capa
Willian Jones Jr

Ilustração de Capa
Kika Kishimoto

Fotos do Capítulo 4
Osmar Gonzaga

Gráficos do Capítulo 7
Maria Meimei Brevidelli

Digitação
Jane Maria Ribeiro do Prado

Diagramação
Rosicler Freitas Teodoro

Revisão
Daniel R. B. Nery
Antônio Carlos Tosta

Proibida a reprodução total ou parcial desta obra,
de qualquer forma ou meio eletrônico, mecânico,
inclusive através de processos xerográficos, reprodução para CD,
audio-visual etc., sem permissão expressa do editor
(Lei nº 5.988, 14/13/1973).

Todos os direitos reservados pela
ÍCONE EDITORA LTDA.
Rua das Palmeiras, 213 – Santa Cecília
CEP 01226-010 – São Paulo – SP
Tels. (011)826-7074/826-9510.

AUTORAS

ADRIANA GUADANUCCI
Enfermeira da Seção de Clínica Médica do Departamento de Enfermagem do Hospital Universitário da Universidade de São Paulo.
Membro do Grupo de Estudos de Padrões e Auditoria do Departamento de Enfermagem do Hospital Universitário da Universidade de São Paulo.

ALDA VALÉRIA NEVES SOARES
Enfermeira obstétrica.
Chefe de Seção do Alojamento Conjunto do Departamento de Enfermagem do Hospital Universitário da Universidade de São Paulo.
Pós-graduanda – nível mestrado em Enfermagem Obstétrica e Neonatal da Escola de Enfermagem da Universidade de São Paulo.
Especialização em Enfermagem do Trabalho.

ANA CRISTINA BÁLSAMO
Enfermeira da Comissão de Controle de Infecção Hospitalar do Hospital Universitário da Universidade de São Paulo.
Pós-graduanda – nível mestrado em Saúde do Adulto da Escola de Enfermagem da Universidade de São Paulo.
Membro do Grupo de Estudos de Procedimentos do Departamento de Enfermagem do Hospital Universitário da Universidade de São Paulo.

ANA CRISTINA D'ANDRETTA TANAKA
Professora Associada do Departamento de Saúde Materno-Infantil da Faculdade de Saúde Pública da Universidade de São Paulo.

DAISY MARIA RIZATTO TRONCHIN
Enfermeira obstétrica bolsista do Departamento de Enfermagem do Hospital Universitário da Universidade de São Paulo.
Pós-graduanda – nível mestrado em Enfermagem Obstétrica e Neonatal da Escola de Enfermagem da Universidade de São Paulo.
Especialização em Administração Hospitalar.
Membro do Grupo de Estudos do Sistema de Assistência de Enfermagem do Departamento de Enfermagem do Hospital Universitário da Universidade de São Paulo.

DULCE MARIA ROSA GUALDA
Obstetriz.
Doutora em Enfermagem pela Escola de Enfermagem da Universidade de São Paulo
Professora Doutora do Departamento de Enfermagem Materno-Infantil e Psiquiátrica da Escola de Enfermagem da Universidade de São Paulo.

Diretora do Departamento de Enfermagem do Hospital Universitário da Universidade de São Paulo.
Presidenta da Comissão Interna de Gestão da Qualidade e Produtividade do Hospital Universitário da Universidade de São Paulo.

ELIETE GENOVEZ SPIR
Enfermeira.
Chefe de Seção do Berçário do Departamento de Enfermagem do Hospital Universitário da Universidade de São Paulo.
Especialização em Pediatria e Puericultura.
Especialização em Administração Hospitalar.
Membro do Grupo de Estudos do Sistema de Assistência de Enfermagem do Departamento de Enfermagem do Hospital Universitário da Universidade de São Paulo.

ELIETE SILVA CINTRA MARTINS
Enfermeira responsável pelo gerenciamento de materiais do Departamento de Enfermagem do Hospital Universitário da Universidade de São Paulo.
Membro do Grupo de Estudos de Padrões e Auditoria do Departamento de Enfermagem do Hospital Universitário da Universidade de São Paulo.

LÍGIA FUMIKO MINAMI
Enfermeira do Serviço de Apoio Educacional do Departamento de Enfermagem do Hospital Universitário da Universidade de São Paulo.
Membro do Grupo de Estudos de Padrões e Auditoria do Departamento de Enfermagem do Hospital Universitário da Universidade de São Paulo.

LÁZARA MARIA MARQUES RAVAGLIO
Enfermeira.
Chefe de Seção de Emergência do Hospital Universitário da Universidade de São Paulo.
Membro do Grupo de Estudos de Padrões e Auditoria do Departamento de Enfermagem do Hospital Universitário da Universidade de São Paulo.
Membro do Grupo de Estudos do Sistema de Assistência de Enfermagem do Departamento de Enfermagem do Hospital Universitário da Universidade de São Paulo.

LÚCIA CRISTINA FLORENTINO
Enfermeira obstétrica.
Chefe de Seção do Centro Obstétrico do Departamento de Enfermagem do Hospital Universitário da Universidade de São Paulo.
Mestre em Enfermagem Obstétrica e Neonatal.
Especialização em Administração Hospitalar.

MARIA ANTONIETA RUBIO TYRRELL
Enfermeira.
Professora Titular do Departamento de Enfermagem Materno-Infantil da Escola de Enfermagem da Universidade Federal do Rio de Janeiro.
Membro da Comissão Adjunta de Pesquisa e Desenvolvimento dos Cursos de Pós-Graduação e Pesquisa da Escola de Enfermagem Ana Neri da Universidade Federal do Rio de Janeiro.
Presidenta Nacional da Associação Brasileira de Obstetrizes e Enfermeiras Obstétricas.

MARTA MARIA MELLEIRO
Enfermeira obstétrica.
Diretora da Divisão de Enfermagem Materno-Infantil do Departamento de Enfermagem do Hospital Universitário da Universidade de São Paulo.
Pós-graduanda – nível mestrado em Enfermagem Obstétrica e Neonatal da Escola de Enfermagem da Universidade de São Paulo.
Especialização em Administração Hospitalar.
Especialização em Enfermagem do Trabalho.
Membro do Grupo de Estudos do Sistema de Assistência de Enfermagem do Departamento de Enfermagem do Hospital Universitário da Universidade de São Paulo.

SANDRA ANDREONI
Obstetriz.
Especialização em Administração Hospitalar.
Especialização em Planification Familiar Integral.
Coordenadora do Programa de Assistência Integral à Saúde da Mulher, da Criança e do Adolescente da Secretaria de Estado da Saúde do Rio de Janeiro (1987-1992).
Presidenta do Grupo de Estudos de Padrões e Auditoria do Departamento de Enfermagem do Hospital Universitário da Universidade de São Paulo.
Membro do Grupo de Estudos do Sistema de Assistência de Enfermagem do Departamento de Enfermagem do Hospital Universitário da Universidade de São Paulo.
Vice-Presidenta Nacional da Associação Brasileira de Obstetrizes e Enfermeiras Obstétricas.

TAMARA IWANOW CIANCIARULLO
Enfermeira.
Doutora em Sociologia da Saúde .
Professora Titular da Universidade de São Paulo e da Universidade Federal de Santa Catarina.
Diretora da Escola de Enfermagem da Universidade de São Paulo (1992 a 1995).
Consultora do Grupo de Estudos de Padrões e Auditoria do Departamento de Enfermagem do Hospital Universitário da Universidade de São Paulo.
Coordenadora dos Mestrados Expandidos de Pós-Graduação em Enfermagem da Universidade Federal de Santa Catarina.

TELMA MOREIRA SOUZA
Enfermeira.
Chefe de Seção da UTI Pediátrica e Neonatal do Departamento de Enfermagem do Hospital Universitário da Universidade de São Paulo.
Especialização em Administração Hospitalar.
Especialização em Enfermagem do Trabalho.
Membro do Grupo de Estudos do Sistema de Assistência de Enfermagem do Departamento de Enfermagem do Hospital Universitário da Universidade de São Paulo.

VILMA DE CARVALHO
Enfermeira.
Professora Titular do Departamento de Enfermagem em Saúde da Escola de Enfermagem Ana Neri da Universidade Federal do Rio de Janeiro.
Coordenadora da Comissão Adjunta de Pesquisa e Desenvolvimento dos Cursos de Pós-Graduação da Escola de Enfermagem Ana Neri da Universidade Federal do Rio de Janeiro.
Coordenadora da Comissão de Extensão do Centro de Ciências da Saúde da Universidade Federal do Rio de Janeiro.

Prefácio

Vivemos num momento de grande efervescência, no que diz respeito à assistência à mulher, ao concepto e ao recém-nascido, durante o período gravídico puerperal.

As mudanças que se processaram na área obstétrica resultaram num aumento dramático do uso da tecnologia e de intervenções que podem ser evidenciadas pelos elevados índices de cesárea, tornando o Brasil o líder mundial de partos cirúrgicos.

Entretanto, as estatísticas de saúde revelam que o número de mortes maternas evitáveis, decorrentes da gravidez e do parto, são alarmantes, surgindo em contrapartida movimentos sociais, de profissionais e grupos societários, em prol do resgate da assistência humanizada por meio da criação de um modelo de assistência que transcenda o modelo medicalizado.

Neste contexto, o maior desafio para os profissionais é a conquista de um espaço nas instituições para a reflexão grupal sobre o significado da qualidade assistencial, que englobe tanto conhecimentos já adquiridos e que se mostraram benéficos, quanto às reais necessidades e expectativas das pessoas assistidas.

A enfermagem precisa reexaminar e reavaliar os seus valores tradicionais e enfrentar esta realidade. A experiência tem nos mostrado que historicamente a tarefa de mudar concepções não tem sido fácil.

Esta obra representa o resultado de reflexões e ações na busca da qualidade assistencial. Ela emergiu de uma aproximação de nossos ideais e de nossa realidade; um esforço conjunto em direção a um objetivo comum – cuidar com qualidade.

Envolveu inúmeras pessoas, exigiu esforços e cada qual contribuiu à sua maneira. Aprendemos muito e acreditamos que ainda temos muito para caminhar.

Nosso objetivo neste livro é compartilhar o nosso trabalho com outros profissionais que se dedicam a assistir à mulher, ao recém-nascido e à família no período perinatal.

Foi muito gratificante ter tido a oportunidade de participar da elaboração desta obra, assim como tem sido o convívio com os enfermeiros do Hospital Universitário da Universidade de São Paulo (HU-USP).

Não poderíamos deixar de destacar o conhecimento, incentivo e o verdadeiro espírito de liderança da Profa. Dra. Tamara Iwanow Cianciarullo, que nos guiou e apoiou na concretização de nossos objetivos.

Dulce Maria Rosa Gualda

Sumário

Introdução 13

Capítulo 1
Saúde da mulher brasileira 15

Capítulo 2
O significado do processo de parto no contexto do conceito
de saúde reprodutiva 33

Capítulo 3
Programas Nacionais de saúde materno-infantil: papel do Estado,
da mulher e da enfermagem 43

Capítulo 4
O processo de cuidar na perspectiva de enfermeiros de um hospital de ensino ...55

Capítulo 5
Elaborando e desenvolvendo padrões e critérios de qualidade na
assistência perinatal 77

Capítulo 6
O processo de controle de qualidade na assistência perinatal 139

Capítulo 7
Implicações do controle de qualidade na assistência perinatal 167

Capítulo 8
Tendências da assistência perinatal 179

Introdução

Este livro é para todos aqueles que se interessam em melhorar o processo de cuidar da saúde perinatal.

Retrata o trabalho de especialistas e dos enfermeiros da Divisão de Enfermagem Materno-Infantil do Departamento de Enfermagem do Hospital Universitário da Universidade de São Paulo (HU-USP), que tem por objetivo assistir à mulher e ao recém-nascido de maneira sistematizada e individualizada, em um contexto direcionado para o autocuidado e estabelecer que o atendimento ao binômio mãe-filho, seja realizado no nível de complexidade correspondente a seu risco.

Para tanto, desenvolve, em consonância com a filosofia assistencial do Departamento de Enfermagem, o Sistema de Assistência de Enfermagem, que possibilita ao enfermeiro ser produtor, implementador e controlador da assistência prestada a esse binômio, contribuindo assim, para a melhoria dos indicadores de saúde na área materno-infantil.

Parte-se de um contexto amplo de reflexão sobre a saúde da mulher brasileira, destacando a questão da mortalidade materna, aspectos relativos à conceituação do processo do nascimento numa perspectiva antropológica e a descrição dos programas nacionais de saúde materno-infantil.

Na visão de enfermeiros de um hospital de ensino são analisados os conceitos de humanização e qualidade de vida que, articulados, transcendem a esfera biológica, englobando os aspectos biopsicossociais da mulher e do recém-nascido.

Os padrões e critérios de qualidade foram elaborados pelos membros das unidades de centro obstétrico, alojamento conjunto, berçário e UTI neonatal, da Divisão de Enfermagem Materno-Infantil e por membros do Grupo de Estudos de Padrões e Auditoria do HU-USP, constituindo um ponto relevante no processo de gestão voltado para a qualidade.

Neste livro tentamos chamar a atenção para a problemática atual da saúde perinatal e oferecer subsídios para o planejamento, implementação e avaliação de ações, que possibilitam alcançar melhores níveis de qualidade.

As autoras

Saúde da Mulher Brasileira

Ana Cristina d'Andretta Tanaka

O Brasil, pela sua vasta extensão territorial, possui grande diversidade étnica, climática, de desenvolvimento econômico e social e de densidade populacional. Esses fatores determinam condições de vida e realidades de saúde diferentes nas várias regiões do país, fato este que impossibilita descrever um perfil único de saúde da mulher brasileira.

O país não tem registros de dados completos do qual se possa traçar com facilidade, um perfil de saúde de nossa população. É necessário, para se fazer uma aproximação da situação de saúde de nossas mulheres, utilizar-se dados secundários obtidos de Anuários do IBGE e da série Estatísticas de Mortalidade do Brasil, do Ministério da Saúde. O presente estudo trabalhou dados destas publicações para se analisar a situação de saúde da mulher brasileira.

ASPECTOS DEMOGRÁFICOS

A população brasileira, nos últimos anos, sofreu modificação importante no seu perfil epidemiológico e demográfico, porém com dinâmicas diferentes de acordo com a região do país. As regiões Sudeste, Sul e Centro-Oeste sofreram uma acelerada urbanização nas últimas duas décadas enquanto que este fenômeno foi muito mais lento nas Regiões Norte e Nordeste. Pelo Censo de 1991, o grau de urbanização da Região Sudeste, que foi o maior do país, estava em 88% enquanto que na Região Norte, o menor, este era de 58%. A urbanização acelerada fez com que se criassem grandes cinturões ao redor das cidades e esvaziamento do campo, trazendo consigo deterioração social, mudanças epidemiológicas importantes e grandes alterações nas condições de vida da população.

As famílias brasileiras vêm, ao longo do tempo, diminuindo de tamanho, prevalecendo as famílias nucleares, sendo que uma quinta parte delas é dirigida por mulheres.

Outro dado importante encontrado pelo censo foi o de que 39,18% das mulheres, em idade economicamente ativa, estavam trabalhando, enquanto em 1980, 32,9 % é que participavam da força formal de trabalho. Este aumento, na força formal de trabalho, não revela o real número de mulheres trabalhadoras, pois o subemprego atinge mais fortemente a mulher que o homem e com a crise econômica é ela quem perde mais facilmente o trabalho, aumentando o número de mulheres em atividades não formais.

Nas últimas décadas houve um envelhecimento da população brasileira, sendo este maior entre as mulheres do que entre os homens. A população feminina de 60 anos ou mais, que em 1980, era de 6,7% em 1990 passou a ser de 8,2%. Entre os homens, em 1980, eles representavam 6,2% da população masculina e em 1990 representam 7,2%.

A pirâmide populacional brasileira indica que o país está passando por uma transição demográfica, pois está ocorrendo um menor contigente populacional nas faixas de menores idades e um maior número de pessoas acima de 60 anos.

Os últimos dados censitários mostraram também que a esperança de vida das mulheres brasileiras aumentou de 61,3 anos em 1980 para 69,1 anos em 1991. Este aumento, não obrigatoriamente, indica um fator positivo, pois países com renda per capita menor que a brasileira possuem esperança de vida maior que a da nossa população (exemplo: Cuba, México e Costa Rica).

Em relação à fecundidade, desde a década de 60 vem ocorrendo uma queda expressiva nessas taxas, sendo esta em menor velocidade nas áreas rurais. A queda mais importante ocorreu nas Regiões Norte e Nordeste onde a taxa global de fecundidade, que em 1980 era de 6,45 e 6,13 filhos por mulher, respectivamente, assumiu valores de 3,48 e 3,55 filhos por mulher em 1990.

O declínio dessa taxa indica que as mulheres brasileiras têm tido menos filhos, fato este comprovado pelo arrefecimento do crescimento populacional. Embora a população continue apresentando um crescimento anual, esse, porém, é em ritmo mais lento. Enquanto que na década de 60/70 esse crescimento foi de 2,9% e na de 70/80, de 2,48%, já na de 80/90, quando ocorreu a maior queda, a média de crescimento anual foi de 1,89% .

Segundo MARTINE (1989), na década de 60/70, ninguém desconfiava que a natalidade viesse a cair drasticamente em futuro próximo. Fato este comprovado nos anos que se seguiram e sequer os estudiosos sobre o assunto puderam imaginar que isto fosse possível, principalmente tomando como base a tendência histórica deste fenômeno nos países desenvolvidos.

Na verdade, o país, principalmente depois de 1985, na fase classicamente denominada de transição demográfica, passa dos padrões clássicos de altos níveis de natalidade e mortalidade, típicos de países em desenvolvimento para padrões de baixa natalidade e mortalidade, padrões estes, observados em países desenvolvidos.

Essa mudança deveu-se, provavelmente, ao alto grau de urbanização da população brasileira, que ao migrar para as cidades não necessitava mais ter muitos filhos para trabalhar nas lavouras, além de aspirarem ao estilo de vida das mulheres urbanas, que tinham em média menos filhos. Este novo contexto se apresenta aliado à forte crise econômica por que passou e continua passando o país.

Desta forma, o estilo reprodutivo mudou e as mulheres, hoje, já não engravidam tão freqüentemente, procurando meios para evitar gestações indesejadas e com isto mais expostas às práticas espúrias de setores da sociedade, interessados em controle da natalidade.

Assim, em nosso meio, longe da queda da fecundidade estar atrelada a um desenvolvimento social e a uma melhoria de benefícios de saúde e educação, ela se apoia mais no uso indiscriminado de tecnologias médicas, que necessitam de nossa população para "consumir o seu produto" e conseqüentemente auferir lucro ao setor.

Vários estudos realizados, depois de 1984, para entender a queda brusca da fecundidade das mulheres brasileiras, mostram a triste realidade de nossa população feminina. Por exemplo, pesquisa feita pela BEMFAM-DHS (ARRUDA e cols; 1987) revelou que entre as mulheres de 15 a 44 anos, casadas ou unidas, 65% delas faziam uso de algum método contraceptivo, sendo que destas 27% já estavam esterilizadas.

A pesquisa feita pela BEMFAM-DHS, em 1996, revelou que no Nordeste houve o maior aumento da esterilização feminina passando de 25% para 44%. No país este método passou de 27% para 40,1%, isto é, houve um aumento de quase 50% de laqueadura tubária do total de mulheres que faziam uso de algum método anticonceptivo.

BERQUÓ (1993), em pesquisa realizada em 1986, encontrou uma ampla variação de porcentagem de mulheres esterilizadas, dependendo do estado brasileiro em que estas residissem. No Rio Grande do Sul, entre as mulheres de 15 a 54 anos, casadas ou unidas, apenas 17,7 % delas estavam esterilizadas, já em Goiás, a porcentagem foi de 71,3% e, em média, no Brasil, observou-se um valor de 44,4%.

Essas taxas são muito elevadas se comparadas com outros países como os Estados Unidos da América que em 1982, era de 17% e o Japão, em 1986 de 8% (MADDEN e cols; s.d.).

A pesquisa da BEMFAM-DHS, de 1996, quando analisou os métodos anticoncepcionais mais utilizados pelas mulheres, encontrou a mesma tendência observada na pesquisa feita em 1986, onde prevalecem a utilização do método hormonal e da laqueadura tubária. Estes dois métodos juntos perfazem cerca de 80% dos métodos contraceptivos utilizados pelas mulheres brasileiras (BEMFAM-DHS,1997).

O fato mais inquietante do aumento de mulheres esterilizadas é que este procedimento continua sendo feito em mulheres jovens e não nas com mais idade, que são aquelas que podem apresentar maior risco de adoecer e morrer na presença de gestação. Dentre as mulheres esterilizadas 15,5% tinham 29 anos ou menos. Esta pesquisa revelou ainda que a mediana de idade, quando da esterilização foi de 28,9 anos, este valor diminuiu da encontrada em 1986, em que a mediana era de 31,4 anos, indicando que este procedimento está sendo feito, cada vez mais, entre as mulheres mais jovens e não nas que realmente dele necessitam (BEMFAM-DHS,1997).

Ao analisar estes dados mais detalhadamente observou-se que entre as que estavam esterilizadas há mais de 10 anos, 20,2% tinham menos de 25 anos e nenhuma mais de 40 anos. Em outras palavras, 20,2% das mulheres com menos de 25 anos foram esterilizadas quando tinham 15 anos. Ao se somar o número de mulheres com menos de 25 anos, laqueadas há mais de 6 anos, pode-se observar que 59% delas estavam nesse grupo e que mais da metade dessas mulheres foram esterilizadas ainda quando adolescentes (BEMFAM-DHS,1997).

No estudo da porcentagem de mulheres esterilizadas, segundo o número de filhos vivos, observou-se que 34,3% tinham dois filhos ou menos, sendo que 0,2%

não tinham filhos vivos, 3,3% apenas um e as demais 30,8% dois. Infelizmente não foi apresentado dados de mulheres esterilizadas por idade e número de filhos vivos, porém comparando os dados entre mulheres esterilizadas com idade e com o número de filhos vivos, pode-se concluir que este procedimento está sendo feito em mulheres jovens e com poucos filhos (BEMFAM/DHS,1997).

Esta prática é, no mínimo, criminosa, quando se impede que mulheres, em plena força reprodutiva, tenham filhos e talvez as de alto risco reprodutivo e, que realmente necessitam desse procedimento cirúrgico para não engravidar mais, não tenham acesso a este método. Pode-se inferir que a esterilização feminina tem sido utilizada delibe-radamente para controle de natalidade e não para um real benefício à saúde de nossas mulheres.

SAÚDE MATERNA

Com a queda expressiva da fecundidade no Brasil era de se esperar que as condições da saúde materna melhorassem, isto é, que ocorresse uma queda importante nas taxas de mortalidade materna e perinatal, mas, infelizmente, este coeficiente continua apresentando valores muito elevados, não condizentes com o grau de desenvolvimento do país.

A mortalidade materna é a taxa que melhor reflete as condições de vida e a qualidade da assistência recebida pelas mulheres durante o ciclo gravídico-puerperal.

A diminuição da fecundidade fez com que um número menor de mulheres, em idade de risco, engravidassem. Segundo o CELADE, citado por VALDES & GOMARIZ, no início de 70, 28% das mulheres grávidas estavam em idade de risco e no começo da década de 90 quase 20% delas é que se encontravam nestas condições.

Esta redução da gestação de risco, por idade, ocorreu mais importantemente entre as mulheres com mais de 35 anos, do que entre as com menos de 19 anos, apesar deste fenômeno ter ocorrido em ambas faixas etárias.

Era de se esperar, com isto, um descenso da mortalidade materna, mas, na realidade, houve um lento declínio de 42% entre 1979 e 1991, ocorrendo em seguida uma ascensão de 9% entre 1991 a 1994 (TANAKA & SIQUEIRA,1997).

Na realidade, esta tendência de queda foi muito menos significativa do que a observada em países desenvolvidos. Ao se analisar os valores para o Brasil, através dos dados oficiais, verificou-se que, em 1980, o coeficiente de mortalidade materna foi de 92 por 100.000 nascidos vivos (NV), enquanto que em 1992, foi de 63,2 por 100.000 NV e em 1994 de 67 por 100.000 NV. No entanto, esse coeficiente se refere a apenas parte da informação sobre óbito, visto que só 80% dos municípios brasileiros assim o fazem. Desta maneira, ao se corrigir estes dados, calculando como se todos os municípios enviassem informação e respeitando a proporcionalidade de envio por região, este coeficiente seria de 150 por 100.000 NV, em 1980, de 117 por 100.000 NV, em 1992 e de 124 por 100.000 NV, em 1994.

Nesta correção, não foi estimada a taxa de subinformação de óbito materno, reconhecidamente alta em nosso meio. Estudos como o de LAURENTI e cols. (1990)

e de SIQUEIRA e cols. (1991) têm demonstrado que, mesmo no município de São Paulo, onde todos os óbitos de adultos são declarados e apenas 3% dos falecimentos são de causas indeterminadas, ocorre uma subinformação da morte materna de 1,2 decesso para cada óbito materno declarado. Este fenômeno ocorre em quase todo o mundo e mesmo nos Estados Unidos, onde existem estados em que a subinformação chega a 39% dos casos (MMWR-1985).

Assim, a magnitude da morte materna é seguramente muito mais elevada do que a que se observa. Mas o mais importante de se discutir é que ela apresenta diferenças regionais muito grandes. Por exemplo, enquanto na região Norte ela pode atingir valores acima de 400 por 100.000 NV, no Sudeste e Sul estas taxas oscilam ao redor de 60 a 70 por 100.000 NV. Estas diferenças regionais estão ligadas diretamente à qualidade, disponibilidade e acesso à assistência e à saúde.

Ao se comparar os coeficientes de mortalidade materna, quer oficiais com os estimados, em países desenvolvidos como Canadá e os Estados Unidos, cujas taxas são de 4 e 9,6 por 100.000 NV, respectivamente, é que se constata quão alta é a nossa mortalidade materna. Pode-se inferir que, seguramente, está ocorrendo um "desperdício" de óbitos de mulheres em plena idade reprodutiva, principalmente, quando se analisa as causas dessas mortes e se observa que elas são facilmente controladas nos dias de hoje.

As causas de óbito materno, no Brasil, são devidas, em mais de 90%, a causas obstétricas diretas e em menos de 10% a causas obstétricas indiretas. Dentre as obstétricas diretas destacam-se as doenças hipertensivas específicas da gravidez, as hemorragias, as infecções puerperais e os abortos.

As síndromes hipertensivas são responsáveis por mais de 30% dos falecimentos e dentro desses, a doença hipertensiva específica da gestação, tão conhecida como toxemia gravídica, é quem mata 90% das mulheres. Sabedores de que esta patologia é facilmente controlada com um pré-natal de qualidade e que os últimos dados censitários mostraram que cerca de 75% das gestantes receberam este atendimento durante a gestação, não se justifica o número tão elevado de mortes por esta causa. Este fato permite inferir que o atendimento pré-natal oferecido à nossa população é de baixa resolubilidade, uma vez que muitas mulheres estão morrendo por essa doença que é evitável.

A segunda causa mais importante corresponde às hemorragias ligadas à gestação, ao parto e ao puerpério, as quais estão relacionadas diretamente à qualidade de assistência ao parto, isto é, um real acompanhamento do trabalho de parto, do parto e do puerpério imediato, juntamente com um acesso pronto e oportuno ao banco de sangue e um menor abuso das cesarianas, evitariam o falecimento de quase todas as mulheres por esta causa.

No Brasil, o índice de cesarianas é da ordem de 40% do total de partos, enquanto nos países desenvolvidos não chega a 20%. Estas taxas são tão elevadas que, em alguns hospitais, atingem 90%, fato esse impossível de se atribuir a problemas ligados a risco gravídico e fetal.

As conseqüências deste abuso se refletem não só na alta incidência da mortalidade materna, mas também na alta mortalidade perinatal, por problemas ligados à prematuridade, dificuldades respiratórias, hipóxias e anóxias além das síndromes de aspiração maciça (TANAKA e cols; 1989).

A terceira causa é o aborto, o qual não se pode afirmar, pelos dados disponíveis, se foram espontâneos ou provocados. Em estudo realizado no município de São Paulo, observou-se que 80% eram decorrentes de abortos provocados (SIQUEIRA e cols; 1993) . Nos últimos anos, houve um aumento na porcentagem de abortos como causa de óbito materno. Este fato pode sugerir o pouco impacto que as ações de planejamento familiar têm sobre a saúde da mulher, quer por problemas de acesso aos serviços, quer por questões relacionadas à não constância de insumos, fazendo com que as mulheres tenham que recorrer a esta prática para resolver uma gravidez indesejada.

A quarta causa de morte materna é devida às infecções puerperais. No país, mais de 80% dos partos ocorrem em instituições e são assistidos por pessoal profissional. Se esta causa de falecimento, que foi praticamente extinta nos países desenvolvidos, ainda persiste em nosso meio é porque está ocorrendo falhas na atenção ao parto. Ao associar a alta taxa de cesariana com o elevado número de partos institucionais pode-se inferir que está existindo uma baixa qualidade na atenção ao parto, fazendo com que muitas mulheres, ao final do século 20, morram de uma patologia descoberta e controlada no século passado.

Finalmente, as causas obstétricas indiretas (cardiopatias, embolias pulmonares, diabetes, entre outras) que, nos países desenvolvidos, aparecem com maior freqüência, são responsáveis por menos de 10% dos óbitos. Essas causas são de certa maneira, mais difíceis de serem controladas.

O quadro da mortalidade materna apresentado causa inquietação, visto que 90% dessas mortes são evitáveis com um adequado atendimento ao pré-natal, parto e puerpério.

O pré-natal é feito por aproximadamente 75% das gestantes brasileiras, porém quase a totalidade dos serviços públicos de saúde não tem para onde referir a mulher em trabalho de parto ou diante de uma gestação de alto risco, que necessite de cuidados mais qualificados ou mesmo de internação precoce. A gestante fica à mercê das instituições e, por vezes, passam sozinhas, por mais de um serviço, antes de conseguir uma vaga. Este fato faz com que não se estabeleça uma adequada relação médico-paciente, em um momento de alta vulnerabilidade e conseqüentemente de risco.

Este fato, que denominamos "peregrinação", faz com que, mesmo a gestante que fez um adequado pré-natal, chegue por vezes em péssimas condições ao parto.

Também o profissional, por não ter nenhum conhecimento prévio da gravidez, decide pelo tipo de parto que lhe der menos trabalho, em curto espaço de tempo. Por outro lado, a instituição em que a gestante é internada e que visa lucro, institucionaliza a cesariana como prática preferencial.

No final da década de 80, com a implantação do SUS, houve uma expansão da rede de assistência à saúde quer pública ou como conveniado, porém, essa expansão por si só, não garantiu acesso aos serviços de saúde e nem que estes fossem de boa qualidade.

A acessibilidade ao serviço de saúde está ligada à questão geográfica e socio-econômica. Por um lado, muitas vezes o serviço está localizado em determinada área por opção política e não por necessidade da comunidade. Por outro é a questão econômica que determina o tipo de instituição que a população pode recorrer, isto é, pessoas com mais recursos procuram serviço de melhor qualidade, enquanto pessoas mais pobres demandam a serviços menos qualificados para serem atendidas, pois não podem "pagar" por uma melhor assistência.

Desta forma, a questão da eqüidade no atendimento à gestante obedece uma lógica econômica e social e não à de risco à saúde.

MORTALIDADE FEMININA

A situação de saúde da mulher brasileira, apesar da queda da fecundidade, do aumento da esperança de vida e de uma maior sobrevida de pessoas idosas, não foi acompanhada de uma melhora substantiva nas condições de saúde dessa população. As precárias condições de assistência à saúde para a maioria da população têm imposto riscos de vida desnecessários, que poderiam ser facilmente detectados e corrigidos se houvesse um sistema de saúde efetivo, atuante e de boa qualidade.

O grande problema que surge, para analisar a situação de saúde das mulheres, é a falta, quase completa, de dados de morbidade, o que não permite traçar um perfil real das questões relacionados com a saúde das mulheres brasileiras. Os dados que se dispõe são nosocomiais e não refletem a realidade. Assim, se faz necessário lançar mão de dados de mortalidade para proceder tal análise, que é, provavelmente, apenas uma visão parcial do problema.

Apesar disso, é possível, "a priori" apreender que as necessidades de saúde na área materno-infantil ainda são prioritárias em nosso meio. O país apresenta duas realidades bem distintas: a relacionada com as doenças infecto-contagiosas que predominam nas regiões Norte e Nordeste do país e opostamente as doenças crônico-degenerativas, com alta prevalência no Sudeste e Sul. Com o aumento da esperança de vida, os problemas do climatério também se tornaram uma necessidade de saúde para a nossa população feminina.

Assim, o Brasil, pelas grandes diferenças de desenvolvimento regional, possui situações de saúde típicas de países de primeiro e de terceiro mundo. As mulheres brasileiras são acometidas tanto por doenças facilmente preveníveis e evitáveis, como pelas não evitáveis. Deste modo convivem, lado a lado, problemas ligados a doenças infecto-contagiosas e parasitárias, como diarréias, malária, tuberculose, esquistossomose e hanseníase, doenças estas mais prevalentes em países em desenvolvimento e problemas crônico-degenerativos, como neoplasia de mama, infarto agudo do miocárdio, diabetes e cirrose hepática, entre outros.

Os últimos dados sobre mortalidade de que se dispõe são de 1994, os quais serão a seguir analisados. Das 364.912 mortes femininas, 13% ocorreram entre as menores de 10 anos, 17,2% entre as mulheres de 10 a 49 anos e 69,8% entre as de 50 anos e mais, sendo o coeficiente específico por idade e sexo de 2,9 por 1.000 mulheres menores de 10 anos, 1,3 por 1.000 mulheres de 10 a 49 anos e 21,4 por 1.000 mulheres de 50 anos ou mais. Como era de se esperar, as mulheres com 50 anos ou mais apresentaram um maior risco de morrer do que as demais mulheres, porém as crianças menores de 10 anos também tiveram um risco maior de falecimento do que as mulheres de 10 a 49 anos.

Entre as menores de 10 anos, a primeira causa de morte é a afecção de origem perinatal, seguida da doença infecciosa e parasitária e a do aparelho respiratório, sendo que a anomalia congênita aparece em quarto lugar.

Entre os óbitos femininos, na faixa etária de 10 a 49 anos, ocorreu uma mudança importante nas causas de mortes: a primeira causa é a do aparelho circulatório, seguida de causa externa, neoplasia, e em quarto as doenças endócrinas nutricionais metabólicas e transtornos imunitários, onde a AIDS está classificada. As complicações da gravidez, parto e puerpério aparecem em 8º lugar.

Entre as mulheres de 50 anos ou mais, a primeira causa de óbito foi a doença do aparelho circulatório, seguida da neoplasia e da doença do aparelho respiratório. As causas externas, nesta faixa etária, aparecem só em 8º lugar. Inquietante é surgir como última causa de morte neste grupo, as complicações da gravidez, parto e puerpério com três mortes onde não deveria ter ocorrido nenhuma.

É importante relatar que 17,9% das mortes femininas na faixa etária de menores de 10 anos, 13,7% na de 10 a 49 anos e 19,6% na de 50 anos ou mais, foram classificadas como mal definidas, porcentagens estas muito elevadas visto que se fosse possível definir a maioria dessas mortes poder-se-ia até mudar o perfil de mortalidade nessas idades. Assim, esta análise das causas de óbito feminino é, no mínimo, uma aproximação do problema.

Em resumo, nas meninas com menos de 10 anos, as patologias ligadas às afecções oriundas do período perinatal (durante a gestação e o parto), à condição socioeconômica e ao controle ambiental (diarréia, problemas respiratórios e desnutrição) e em pequena porcentagem os acidentes são as mais prevalentes, enquanto nas outras faixas etárias as doenças crônico-degenerativas são as determinantes das mortes de nossas mulheres.

Pode-se inferir que entre as menores de 10 anos ocorre um desperdício de vidas maior do que nas demais faixas etárias visto que boa parte destas mortes são evitáveis, apesar de nas demais faixas etárias também se observar falecimentos por causas evitáveis, como as maternas, os acidentes e as doenças infecto-contagiosas.

Este perfil geral de morte feminina não mostra a diversidade entre as causas e nem as diferenças regionais que se observa no país. Ela está atrelada ao grau de desenvolvimento de cada região brasileira bem como à industrialização e um maior ou menor processo de urbanização.

Assim, analisar-se-ão as causas de morte por região, por tipo de causa e por faixa etária, para se poder apreender a realidade específica de cada uma delas.

CÂNCER

O câncer foi responsável por 12,2% do total de óbitos femininos, sendo que entre as mulheres de 10 a 49 anos, ele foi responsável por 15,7% das mortes, ocupando o terceiro lugar entre as causas de morte nesta faixa etária. Nas mulheres com 50 anos, ou mais, ele foi a segunda causa de falecimento sendo responsável por 13,4% dos óbitos.

Nas regiões Norte, Nordeste e Centro-Oeste, a primeira causa de óbito por neoplasia entre as mulheres de 10 a 49 anos, foi a localizada no colo uterino. Para as regiões Sudeste e Sul esse tumor aparece em segundo lugar e para o país como um todo, ele vem se mantendo em segundo lugar desde 1977.

O câncer do cérvix uterino está diretamente associado às condições de vida, de higiene e de ações de prevenção, isto é, ao grau de desenvolvimento socio-econômico da população. Sendo as regiões Norte, Nordeste e Centro-Oeste, as menos desenvolvidas do país, explica-se, em parte, a alta incidência de morte por este tipo de tumor.

Esta neoplasia reflete a precariedade da organização dos serviços de saúde, pois como o exame de Papanicolau é muito eficaz na detecção das lesões iniciais precursoras da malignização do câncer de colo uterino, o amplo acesso a este exame nos serviços de saúde, certamente, minimizariam a incidência desta patologia em nosso meio, que é uma das mais altas do mundo (KOIFMAN,1995).

Pesquisa feita pela Secretaria Estadual de Saúde de São Paulo, no final da década de 80, mostrou que, menos de 2% das mulheres da cidade de São Paulo, faziam o exame preventivo para câncer de colo uterino.

Em pesquisa feita por SIQUEIRA e colaboradores (1993), na população da Região Sul do município de São Paulo, observou-se que quase 40% das mulheres faziam habitualmente o exame preventivo para câncer ginecológico, porém o serviço não orientava quanto à sua importância, a necessidade do retorno, mesmo para saber do resultado do exame e não tomava as providências, caso a paciente necessitasse de um tratamento mais específico.

Através destas pesquisas e de outras nesta área é possível inferir que, certamente, nas demais regiões brasileiras, esteja ocorrendo o mesmo fato, isto é, baixa cobertura de exames preventivos, apesar de 71% dos serviços públicos de saúde estarem aptos para realizar esta atividade. Soma-se a essa baixa cobertura, a qualidade deficiente de atendimento e as condições de vida e higiene precárias de boa parte de nossas mulheres.

Entre as mulheres de 50 anos ou mais, esse tipo de tumor aparece em segundo lugar nas regiões menos desenvolvidas do país (Norte, Nordeste e Centro-Oeste), sendo que nas regiões Sudeste e Sul ele está em quinto lugar.

O câncer de mama, que marca claramente a transição epidemiológica por que passa o país, aparece como primeira causa de óbito entre as neoplasias, nas mulheres de 10 a 49 anos e nas de 50 ou mais. Ao analisar sua incidência por região observa-se que no Sudeste e Sul ele é a primeira causa, enquanto nas demais regiões ele está entre as três primeiras causas de falecimento.

Nos países desenvolvidos é esse tipo de câncer, de um modo geral, a primeira causa de óbito entre os neoplasmas. Enquanto nesses países este diagnóstico é feito quando a patologia está em Estádio I, portanto, em fase de maior possibilidade de cura e prevenção, no Brasil, a maior parte dos diagnósticos é feita em Estádio III, quando a cura é muito remota.

Nos países desenvolvidos, a morte por câncer de estômago tem sofrido um decréscimo importante nas últimas décadas, fato este relacionado, em parte, à melhoria nas condições de vida da população (KOIFMAN,1995). No Brasil, este tipo de câncer é o segundo tumor mais freqüente entre as mulheres, por incidir, importantemente, na faixa etária de 50 anos ou mais, sendo a primeira causa de morte por neoplasia no Norte, segunda no Sudeste e Sul e a terceira no Nordeste e Centro-Oeste. Entre as mulheres de 10 a 49 anos, esse tipo de câncer se encontra na quinta colocação, com exceção das mulheres que residem no Centro-Oeste, em que ele é a quarta causa de óbito e das do Sul do país onde ocupa a sexta posição. Novamente pode-se concluir que, nas regiões onde as condições de vida são "sofríveis", o câncer de estômago participa mais importantemente na mortalidade feminina por neoplasias.

Em relação ao câncer de pulmão, que é mais freqüente em sociedades com melhores condições de vida, é uma importante causa de óbito entre as mulheres com 50 anos ou mais, justamente entre as residentes nas regiões Sudeste e Sul.

Desta forma, pode-se inferir que os tipos de câncer que levam à morte nossas mulheres são, em parte, socialmente determinados.

DOENÇAS INFECCIOSAS E PARASITÁRIAS

As doenças infecciosas e parasitárias são as patologias que melhor permitem visualizar as desigualdades regionais, tanto socioeconômicas como ambientais.

Na região Norte, a malária mata 41% das mulheres de 10 a 49 anos e 15% das de 50 anos ou mais, dentre as doenças infeciosas e parasitárias, patologias essas prevalentes em climas quentes e úmidos como são os desta região.

No Nordeste, a tuberculose e as diarréias são as patologias que mais matam as mulheres de mais de 10 anos, doenças estas típicas de lugares de situação de pobreza extrema e de falta de saneamento do meio.

Já na região Centro-Oeste, a doença de chagas é a maior responsável por mortes de mulheres maiores de 10 anos, área em que esta doença predomina por causa das características climáticas (lugares quentes e secos) e ambientais (casas insalubres).

Na região Sudeste, por ser pólo de atração migratória, por oferecer maior possibilidade de trabalho e diversidade de condições de moradia e de acesso a serviços, as causas de mortalidade dentre as doenças infecciosas e parasitárias são: a tuberculose, chagas e as septicemias. Finalmente na região Sul ocorre um predomínio de mortes por septicemia seguida pela tuberculose, provavelmente por se controlar melhor as doenças parasitárias, a região apresentar um maior grau de desenvolvimento e ser inóspita para alguns parasitas endêmicos das demais regiões. Porém, é inegável a importância destas duas doenças como causa de morte, pois elas refletem as limitações do acesso aos nossos serviços de saúde, bem como o desmantelamento do sistema de vigilância à tuberculose, uma vez que com os conhecimentos tecnológicos atuais, estas mortes são evitáveis, embora não se posa negar a influência da AIDS talvez como causa subjacente destas mortes.

DST E AIDS

O estudo através da mortalidade não permite avançar muito no conhecimento do problema das doenças sexualmente transmissíveis (DST) visto que estas doenças causam muito mais morbidade do que mortalidade. Na realidade, não existe uma correlação direta entre alta freqüência de algumas doenças e suas respectivas letalidades. Por exemplo, alguns problemas ginecológicos como corrimentos vaginais e algumas doenças sexualmente transmissíveis, como gonorréia não gonocócica, são freqüentes entre as mulheres e não levam à morte. Já outras, como a Síndrome de Imunodeficiência Adquirida (AIDS), são de baixa incidência, mas são mais letais.

Nos últimos anos, as doenças sexualmente transmissíveis têm apresentado uma elevação na sua freqüência; mesmo a sífilis congênita que tinha uma incidência baixa, sofreu um aumento expressivo. Isto mostra que a doença recrudesceu e que está havendo falha no pré-natal, na detecção desta patologia. Este aumento de casos de sífilis congênita não ocorreu somente no Brasil, mas em toda a América Latina (OPS/OMS,1992). Somente o país, em 1988, teve 246 mortes registradas de menores de 1 ano por esta causa, sendo seu coeficiente de mortalidade infantil específico de 0,07 por 1.000 NV ou melhor 7 mortes para cada 100.000 NV, quando, na realidade, deveria ser zero.

Infelizmente não há dados nacionais sobre as DST, mas estudos setoriais mostram uma maior procura aos serviços de saúde por esta patologia. Eles são bons indicadores de que as DST estão de um modo geral, recrudescendo, talvez fruto de uma maior liberação ocorrida nas últimas décadas. Por exemplo, a prevalência de casos de condiloma, num determinado serviço de DST de São Paulo, que era de 4,1% em 1982, em 1989 foi para 11,5%; do mesmo modo, as uretrites passaram de 7,8 % em 1982, para 21,3% em 1989 (FAÚNDES E TANAKA, 1992).

As doenças inflamatórias pélvicas, tão pouco relatadas em nosso meio, quer em nosologia, em incidência/prevalência, como em letalidade, foram responsáveis por 115 mortes no ano de 1988, sendo que 80% delas ocorreram em mulheres de 15 a 49 anos e as demais entre as mulheres de 50 anos ou mais. Pode-se supor que a freqüência desta patologia deva ser muito alta em nosso meio, pois ela está relacionada estreitamente com questões de higiene, promiscuidade e psicológicas, que têm forte influência das condições socioeconômicas. Com o conhecimento atual da medicina, sabe-se que a maioria das doenças inflamatórias pélvicas podem ser consideradas como sexualmente transmitidas e que acarretam, com grande freqüência, seqüelas para o resto da vida como, por exemplo, a esterilidade.

Cada vez mais os estudos têm relacionado as DST com a AIDS, há várias referências de que está ocorrendo um aumento de pessoas com AIDS entre populações com altas taxas de DST.

No Brasil, nos últimos anos, a AIDS entre as mulheres, aumentou de 2,7 casos para 14,9 por milhão de habitantes (PAHO/WHO,1992). A elevação de casos ocorreu, de maneira expressiva, entre as mulheres em idade fértil, levando desta forma a um aumento de casos de AIDS perinatal. O crescimento de casos desta doença não se deu apenas por transmissão homossexual, entre usuários de drogas endovenosas e por hemotransfusão, mas, também, entre os heterossexuais.

Deste 1982, vêm aumentando os casos de AIDS na população brasileira. Até 30/08/1997, 116.389 casos foram registrados, sendo 91.648 casos em homens e 24.117 em mulheres. É importante mencionar que estes dados se referem à incidência acumulada desde 1980, quando o Brasil registrou seu primeiro caso (Ministério da Saúde, 1997). Nos últimos anos, tem-se observado um aumento na incidência de casos entre as mulheres, chegando a razão de casos por sexo, de 40 homens para cada mulher em 1983, a 3 casos masculinos para cada caso feminino em 1996/97. Esta alteração indica que houve uma mudança importante no comportamento da transmissão da doença sendo que os grupos de risco já não são apenas os homossexuais e bissexuais masculinos, mas também as mulheres. Os dados ainda revelam que, mesmo entre as mulheres, este comportamento mudou, pois até 1991 predominava neste grupo a transmissão sangüínea e a partir de 1992 passou a prevalecer a transmissão sexual. Como o grupo mais atingido foi o de mulheres em idade fértil, a transmissão vertical passou a apresentar um aumento no número de casos (Ministério da Saúde, 1997).

O aumento da AIDS entre as mulheres por transmissão heterossexual mostra quão frágil são as mulheres neste processo, pois elas acabam se infectando mais facilmente do que o homem. As mulheres com múltiplos parceiros e com companheiros bissexuais se tornam presas fáceis desta contaminação.

Infelizmente, da forma como é classificada esta patologia na 9ª Classificação Internacional de Doenças, torna-se difícil conhecer a real taxa de mortalidade por esta causa. Os dados do Ministério da Saúde disponíveis até agosto de 1997, mostraram que dos 116.389 casos notificados de AIDS, 57.567 já foram a óbito, isto é, 49,5% dos casos notificados de pessoas com esta patologia (Ministério da Saúde, 1997).

Ao se analisar a incidência desta patologia por cidades brasileiras, observou-se uma maior ocorrência nos municípios das regiões Sudeste e Sul do país, além de uma maior freqüência desta nas cidades portuárias, fruto, ao que parece, de uma maior "promiscuidade" sexual e uso de drogas (Ministério da Saúde, 1997).

DOENÇAS CRÔNICO-DEGENERATIVAS

As doenças crônico-degenerativas, apesar das diferenças regionais, estão entre as causas de morte de maior incidência no país. Possuindo valores de porcentagem de mortes próximo ao de países desenvolvidos.

Elas vitimam uma grande parcela de nossas mulheres com mais de 10 anos, sendo, como era de se esperar, mais freqüente entre as mulheres com mais de 50 anos. Poder-se-ia dizer que as mulheres, no climatério, são mais acometidas por essas doenças que, na realidade, aparecem pela própria idade.

Além do câncer, já relatado, outras patologias como a osteoporose, hipertensão arterial, infarto agudo do miocárdio, doenças cérebro-vasculares, diabetes, bronquite crônica, obesidade, entre outras, são patologias que aparecem conforme a mulher vai envelhecendo. SIQUEIRA e colaboradores (1993) estudando a presença de doenças crônicas na população feminina da Região Sul do município de São Paulo, observaram que existe uma correlação positiva com o aumento da idade.

A melhor maneira de se estudar as mortes por doenças crônicas seria através das causas múltiplas, pois, na maioria das vezes, elas estão associadas. Infelizmente isto não é possível fazer com os dados nacionais, uma vez que são publicadas apenas as causas básicas. Assim, descrever-se-á a situação de cada uma das causas isoladamente.

As doenças ligadas ao aparelho circulatório são a primeira causa de morte entre as mulheres com mais de 10 anos, sendo muito mais freqüente entre as de 50 anos ou mais. Nas mulheres entre 10 a 49 anos, ela corresponde a 21,2% dos casos de óbito e entre as de 50 anos ou mais, a 39,5% dos óbitos.

Em todo o país, as doenças cérebro-vasculares, da circulação pulmonar, isquêmicas do coração e as hipertensivas são, nessa ordem, as principais patologias crônicas que levam a óbito nossas mulheres. No Japão as doenças cérebro-vasculares também estão entre as primeiras causas de óbito, no entanto, nesse último país, é mais freqüente entre as mulheres do que entre os homens.

No Brasil, com exceção das doenças hipertensivas, que levam a um número maior de mortes de mulheres do que de homens, nas demais ocorre um ligeiro predomínio de mortes masculinas, principalmente as ligadas ao aparelho circulatório. Este fato deve estar associado à própria questão do estresse de trabalho, muito mais presente entre os homens do que entre as mulheres.

Dentre as causas do aparelho respiratório, mais de 80% das mulheres de 10 a 49 anos e mais de 50% das mulheres de 50 anos ou mais, que morrem por essa causa, são acometidas por pneumonias e bronquite crônica. As mulheres da região Sul e Sudeste são as que, proporcionalmente, apresentam mais problemas do aparelho respiratório.

O diabetes aparece como uma das causas de morte mais importante dentre as doenças endócrinas, nutricionais, metabólicas e de transtorno imunitário ocorrendo com maior freqüência entre mulheres, na razão de 1,4 mulheres para cada homem. Como era de se esperar, por ser uma doença crônica degenerativa, sua maior incidência ocorre no grupo de mulheres de 50 anos ou mais. Quando da análise do coeficiente específico de mortalidade por diabetes e faixa etária se evidencia bem essa questão. Em 1994, essa taxa foi de 2,6 mortes para cada 100.000 mulheres de 10 a 49 anos e de 100,9 por 100.000 mulheres de 50 anos ou mais, isto é, essas últimas têm um risco 40 vezes maior de morrer por essa doença.

Finalmente vale a pena mencionar que o diabetes leva à morte um número maior de pessoas do que a registrada, pois, na maioria das vezes, suas complicações é que são referidas como causa básica de morte e não o diabetes propriamente dito.

Em relação às doenças do aparelho digestivo merece destaque as mortes por doença crônica do fígado e cirrose que são responsáveis por 1,6 e 14,2 mortes a cada 100.000 mulheres de 10 a 49 anos e de 50 anos ou mais respectivamente. Esta causa de óbito ainda é, em nosso meio, muito mais elevada entre os homens do que entre as mulheres, chegando a ser 5 vezes maior nos homens. Ela ocorre em maior número nas regiões mais desenvolvidas do país (Sudeste e Sul), fruto talvez de maior hábito de beber, quer por questões culturais, hábito social, ou mesmo solidão.

Concluindo, as mulheres, nas últimas décadas, assumiram novos papéis sociais ampliando sua participação na força formal de trabalho. Essa nova participação da mulher na sociedade, expondo-as a riscos de saúde semelhantes à dos homens, tais como o estresse de trabalho, fumo, consumo de álcool entre outros, refletiu na mudança do perfil da mortalidade feminina por doenças crônico-degenerativas.

CAUSAS EXTERNAS

As mortes por causas externas, são a segunda causa de morte feminina em nosso meio, estando diretamente relacionadas ao desenvolvimento socioeconômico.

Em todo país, dentre as causas externas, os acidentes de trânsito de veículo a motor são a principal causa de morte. Eles acometem muito mais o homem, chegando a ser 3,6 vezes maior no sexo masculino. Ele é mais freqüente entre os jovens, havendo um predomínio na faixa etária de 20 a 29 anos. Após esta faixa etária, ocorre um descenso e, entre os idosos, ele ocorre em número bem reduzido.

É interessante relatar que excluindo os acidentes de trânsito, os homicídios, suicídios e afogamentos são responsáveis pela maioria das mortes das mulheres na faixa etária de 10 a 49 anos. Na idade de 50 anos ou mais, as quedas acidentais é que são a causa mais freqüente. Este fato mostra que as mulheres mais jovens estão mais expostas às agressividades da sociedade e as mulheres mais idosas às limitações de locomoção, já impostas pela idade.

Em relação às diferenças regionais, observa-se que, na região Norte, o afogamento aparece como uma importante causa de morte entre as mulheres de 10 a 49 anos. Este fato não é de se estranhar visto que a região possui grandes rios e provavelmente contribuem para este fato. Quando os dados de mortalidade eram publicados mais detalhadamente por região, podia-se observar que também morriam muitas mulheres afogadas por acidentes de transporte por barcos, desta forma o número elevado de mortes por afogamento deve estar muito mais relacionado à forma de transporte fluvial na região – canoas, barcos e lanchas de transporte coletivo – do que ao lazer.

No Nordeste é o homicídio por arma branca que se sobressai, fato este muito conhecido nesta área do país, pois ocorre com muita freqüência, violentas brigas entre homens, por disputas envolvendo mulheres.

Na região Sudeste, depois dos acidentes de trânsito, os homicídios envolvendo as mulheres de idade fértil, é a maior causa de falecimento. Esta causa é um reflexo da violência das grandes cidades, fruto das grandes desigualdades sociais.

Na Região Centro-Oeste, os homicídios e os suicídios aparecem como segunda e terceira causas de morte entre as mulheres de 10 a 49 anos.

Finalmente, na Região Sul, o suicídio é a segunda causa de morte dentre as causas externas. A importância dessa causa é semelhante à de países desenvolvidos, como Suécia e Dinamarca, onde a solidão freqüentemente leva a este tipo de desfecho.

As mortes por causas externas são apenas uma parte do problema das violências que atingem as mulheres, porque as violências "domésticas", que são em maior número, isto é, as agressões do marido ou companheiro, os maus tratos às mulheres idosas, os estupros de crianças e mulheres, são silenciadas, quer por medo, coação física ou psicológica. Poucas são as mulheres que vão às delegacias para fazerem queixas, assim a problemática da violência feminina está longe de ser conhecida e resolvida, pois a sociedade como um todo acoberta este fato.

Com este perfil de saúde, com o aumento de mulheres com mais de 60 anos, em sua maioria vivendo de pensão ou aposentadoria e em uma sociedade em plena crise econômica marcada por alta desigualdade social, oferecer serviços de saúde que possam satisfazer às reais necessidades de saúde de nossa população feminina, não é tarefa fácil.

As perspectivas futuras não são acalentadoras pois, o setor de saúde passa, no momento, por uma forte crise financeira, na qual o setor privado prevalece sobre o público. A maioria de nossa população não dispõe de meios econômicos para pagar seguros saúde e assim arcar com as despesas de suas necessidades. Desta maneira, a desorganização do setor público de saúde tem acarretado sérios problemas de acesso e de atendimento à nossa população.

Diante disso, uma mudança na política de atenção à saúde da mulher, para que benefícios reais sobre sua saúde possam ocorrer, urge. Não só o setor público tem que mudar, mas também o setor privado, pois, enquanto a saúde for vista como um bem que tem que gerar lucro, más práticas continuarão existindo, cabendo ao setor público, coibi-las.

REFERÊNCIAS BIBLIOGRÁFICAS

ARRUDA, J.M. et al. *Pesquisa nacional sobre saúde materno-infantil e planejamento familiar*. PNSMIPF- Brasil,1986. Rio de Janeiro, BEMFAM-DHS, 1987.

BASTOS, F.I. et al. A epidemia de AIDS no Brasil. In: Minayo, M.C. *Os muitos Brasis: saúde e população na década de 80*. Rio de Janeiro, Hucitec-ABRASCO, 1995.

BERQUÓ, E. *Brasil, um caso de anticoncepção e parto cirúrgicos à espera de uma ação exemplar*. Trabalho preparado para o seminário "A Situação da Mulher e o Desenvolvimento". Organizado pelo ministério da Relações Exteriores e realizado no Núcleo de Estudos Populacionais (NEPO) da UNICAMP, 1 e 2 de julho de 1993.

BRASIL. *Pesquisa Nacional sobre Demografia e Saúde -1996*. BEMFAM/DHS. Rio de Janeiro, 1997.

CENTRO LATINO-AMERICANO DE PERINATOLOGIA E DESENVOL-VIMENTO HUMANO (CLAP). *El nacimiento por cesarea hoy. Salud Perinatal*, v. 3, n. 9, 1989.

FAUNDES, A.; TANAKA, A. C. Reproductive tract infections in Brazil: solutions a difficult economic climaté. In: GERMAIN, A. et al., ed. *Reproductive tract infections*. New York, Plenum Press, 1992.

IBGE *Brasil em números*. v.2, Rio de Janeiro, IBGE, 1993.

IBGE *Anticoncepção*. 1986. Rio de Janeiro, IBGE, 1991.

IBGE *Anuário estatístico do Brasil - 1987 a 1992*. Rio de Janeiro, IBGE, 1988 a 1993.

KOIFMAN, S. Incidência de câncer no Brasil. In: MINAYO, M.C. *Os muitos Brasis:* saúde e população na década de 80. Rio de Janeiro, Hucitec-ABRASCO, 1995.

LAURENTI, R. et al. Mortalidade de mulheres em idade fértil no município de São Paulo (Brasil), 1986. I - Metodologia e resultados gerais. *Rev. Saúde Públ.*, São Paulo, v.24, n.2, p.128-33, 1990.

MADDEN, C. et al. *Country profiles:* Bangladesh, Brazil, China, Egyt, India, Japan, Mexico, Nigeria, Pakistan, Turkey, URSS, USA. (mimeo) sd.

MARTINE, G. São demográficas. *Ciência hoje*, v.9, n .51, p.29-35, 1989.

MATERNAL mortality pilot survellance in seven states. MMWR *Mob. Mort. Wkly. Rep.* n.34, p.709-11, 1985.

MINISTÉRIO DA SAÚDE. *Boletim epidemiológico da AIDS,* ano IX, n.7 - semana epidemiológica - 23/97 a 35/97, 1997.

MINISTÉRIO DA SAÚDE. *Boletim epidemiológico da AIDS,* ano VI, n.3 - semana epidemiológica - 10 a 13 de abril de 1993.

OPS/OMS-HVI/STD. Informe de vigilância 1991. *Enfermedades de transmisión sexual.* OPS/OMS, 1992. (mimeo)

PAHO/WHO. *AIDS surveillance in the Americas*. Washington. PAHO/WHO, 1992. (mimeo)

PATARRA, N. *Perfil demográfico da população feminina brasileira*. Trabalho apresentado no Simpósio Franco-Brasileiro sobre Mortalidade Materna com ênfase na gravidez na adolescência, 1992.

PESQUISA sobre saúde familiar no Nordeste do Brasil - 1991, BEMFAM/DHS, 1992. (mimeo)

PRO-AIM Programa de aprimoramento das informações de mortalidade no município de São Paulo. n.12, 1993.

SIQUEIRA, A.A.F. et al. *Estudo da mortalidade materna na Região Sul do município de São Paulo - Brasil:* análise preliminar. São Paulo, Departamento de Sáude Materno-Infantil da Faculdade de Saúde Pública da USP, 1991. (Série investigação em saúde da mulher, criança e adolescência; 1).

SIQUEIRA, A.A.F. et al. *Morbidade e mortalidade maternas, qualidade de assistência e estrutura social:* estudo da Região Sul do município de São Paulo

- Brasil; parte II - morbidade materna. Relatório Final. São Paulo, 1993. (Relatório apresentado e aprovado pela FAPESP).

TANAKA, A.C. et al. Situação de saúde materna e perinatal no Estado de São Paulo, Brasil. *Rev. Saúde Públ.*, São Paulo, v. 23. p. 67-75, 1989.

TANAKA, A.C.; SIQUEIRA, A.A.F. O grave problema da mortalidade materna no Brasil. *Resumos*. V Congresso brasileiro de saúde coletiva e V Congresso paulista de saúde pública. São Paulo, Impressa Oficial do Estado de São Paulo. p-82.

VALDES,T.; GOMARIZ, E. *Mulheres Latino-Americanas em dados-Brasil.* Santiago do Chile, FLASCO, 1993.

O significado do processo de parto no contexto do conceito de saúde reprodutiva

capítulo 2

Dulce Maria Rosa Gualda

Apesar dos avanços na área obstétrica, tanto no que se refere ao emprego de novas tecnologias, quanto à melhoria nos padrões de morbimortalidade materna, perinatal e neonatal, a saúde reprodutiva continua sendo um problema na maioria dos países em desenvolvimento. Concorrem para esta situação, a precariedade das condições de vida das populações, bem como os sistemas de saúde, que esboçam deficiências quantitativas e qualitativas e se distribuem de maneira inequitativa, resultando no aumento do número dos excluídos e dos que não têm suas necessidades atendidas e expectativas preenchidas.

Torna-se fundamental uma reflexão conceitual para uma reformulação das políticas de saúde, de tal forma que possam produzir impacto, por meio da introdução de determinantes sociais, econômicos, históricos e culturais.

Com o intuito de criar novos modelos e de reverter este quadro, que objetivamente tem demonstrado taxas de morbimortalidade materna e perinatal, intra e extra hospitalar, ainda muito elevadas, organizações regionais e mundiais de saúde e desenvolvimento têm se reunido para discutir e propor planos de ação. Grupos de especialistas de diferentes países têm analisado conceitos, práticas e resultados de trabalhos desenvolvidos na área, com a finalidade de subsidiar e direcionar programas voltados para a saúde durante o processo reprodutivo.

A partir destas iniciativas, foi proposto e adotado um novo conceito de saúde reprodutiva, em substituição ao conceito de saúde materno-infantil, com uma abordagem mais integral, que além de englobar aspectos referentes à possibilidade de as mulheres terem gestações, partos e puerpérios sem risco, inclui o enfoque de gênero e a fase da adolescência e explicita o direito à sexualidade plena e responsável. Reconhece, ainda, a importância da participação e a responsabilidade do homem na esfera sexual e reprodutiva.

Vale ressaltar importante contribuição de um grupo de especialistas, que se reuniu em Cartagena, Colômbia, em 1993 e elaborou uma conceituação de saúde reprodutiva que "se orienta para o desenvolvimento humano, tanto na função reprodutora da espécie, como no que concerne a reprodução do potencial intelectual e criativo, tendo como base a experiência pessoal e coletiva que alicerça a sociedade. Nesta perspectiva, a saúde reprodutiva torna-se um elemento intimamente ligado ao desenvolvido humano e social".

Torna-se fundamental o papel a ser desempenhado pelos recursos humanos na assistência à saúde. A enfermagem enquanto integrante da equipe multiprofissional, ao adotar como meta a qualidade assistencial, precisa desenvolver modelos incorporando os fundamentos básicos da saúde reprodutiva, orientados para o fortalecimento da responsabilidade social e para o desenvolvimento humano.

A responsabilidade social, enquanto direito e dever do cidadão, abriga o respeito por parte dos profissionais às crenças, aos valores, às práticas e à autodeterminação dos indivíduos, das famílias e da comunidade, num contexto de co-participação em todo o processo de cuidado à saúde. Do ponto de vista do desenvolvimento humano, envolve o reconhecimento das necessidades básicas, afetivas, culturais, sociais e a influência dos fatores econômicos de sua clientela, bem como a sua capacidade de aprender a controlar os processos naturais que envolvem a sua saúde reprodutiva.

A adoção de modelo cuidativo embasado nas crenças, nos valores, nos costumes que permita a inclusão do significado das experiências individuais e coletivas visando o crescimento, sugere uma fundamentação humanizada do processo de saúde-doença, para o qual, a abordagem antropológica demonstra ser promissora, pois lida com temas essenciais do ser humano no processo do viver.

MINAYO (1991) aponta a importância da antropologia para a compreensão do fenômeno saúde-doença. Destaca que qualquer ação de prevenção, tratamento ou planejamento de saúde requer que sejam levados em conta valores, atitudes e crenças de uma população, juntamente com os dados quantitativos e com o conhecimento técnico-científico das doenças. No seu ponto de vista "tratar o fenômeno saúde-doença unicamente com os instrumentos anátomo-fisiológicos ou apenas com as medidas quantitativas da epidemiologia clássica constitui uma miopia frente ao social e uma falha no recorte da realidade a ser estudada".

LEININGER (1991) ao elaborar a Teoria da Diversidade e Universalidade do Cuidado Cultural, reconheceu a relevância da antropologia para a enfermagem. Ao analisar as diferenças e similaridades entre ambas, convenceu-se do seu estreito relacionamento. Utilizou constructos selecionados de cultura na perspectiva antropológica e constructos de cuidado na perspectiva da enfermagem. Para esta autora, o cuidado é um fenômeno universal, mas suas formas de manifestação variam dentre os diversos grupos na relação tempo-espaço. Sendo considerado por ela como a essência da enfermagem, sua implementação impõe ao enfermeiro uma atitude consciente, um esforço deliberado de utilização de crenças, de valores e de compreensão do estilo de vida de indivíduos, famílias e grupos na assistência significativa a pessoas que necessitam de ajuda.

A antropologia tem o homem como objeto específico. O seu estudo, por um lado, concentra-se nas formas e nas estruturas do corpo humano, por outro, no significado e nas estruturas da sua vida, como expressão de sua atividade mental. Para BERNARDI (1992) que atém-se a este segundo aspecto, que por sua vez demonstra ter maior proximidade à temática de interesse da enfermagem, "as manifestações da atividade mental são expressões de escolhas determinadas que o homem faz para organizar a própria vida. São elas que constituem a cultura". Neste enfoque, destaca três grandes temas – o homem enquanto indivíduo, as relações com os outros homens e a relação humana dos indivíduos e dos grupos com a natureza.

No que se refere a este último, ao qual dá especial ênfase, aponta a natureza como o fundamento da cultura, a qual permite ao homem desenvolver a atividade mental, criar e transformar, ou seja, *"a natureza do homem é a cultura"*. Com esta afirmativa pretende expressar que a característica mais significativa do ser humano é intervir na natureza. Ao observá-la e estudá-la pretende modificar o seu curso. Considera que não haja, conceitualmente, um limite divisório rígido entre ambas. A grosso modo, a natureza pode ser tomada como universal, constante e de evolução gradativa. Entretanto, a atividade cultural do homem procede de forças e vias mais complexas, orientada pela sua determinação.

Por natureza compreende-se o universo como totalidade cósmica, o ambiente ecológico, as leis físicas e biológicas e a linguagem que se estabelece numa ligação entre natureza e cultura. (BERNARDI, 1992; HELMAN, 1994). As leis biológicas regem a constituição íntima dos seres humanos, ficando na sua estrutura física sujeito a elas, no processo do nascer, do crescer e do morrer.

Um dos aspectos referentes à constituição física do homem é o gênero: masculino e feminino. Universalmente, ambos possuem ciclos fisiológicos distintos. Mulheres têm ciclos menstruais, da menarca à menopausa, ciclos gravídicos puerperais durante a idade adulta e homens não. Segundo ORTNER (1979) este contraste fisiológico tem levado a identificação dos homens à cultura, em oposição às mulheres que são identificadas ou simbolicamente associadas à natureza. No entanto, afirma que a mulher, apesar de "parecer mais à mercê da natureza do que o homem, mas tendo consciência, ela pensa e fala; ela gera, comunica e manipula símbolos, categorias e valores". Assim sendo, enfatiza seu envolvimento e seu compromisso com o esquema cultural de transcendência à natureza.

HELMAN (1994) afirma que na atualidade, o principal interesse dos antropólogos está nos *significados culturais* que são dados aos eventos fisiológicos e o modo como influenciam o comportamento das pessoas, ou mesmo o sistema social, político e econômico da sociedade. Esta afirmativa é verdadeira também para a enfermagem, que tem adotado a abordagem antropológica em diversos estudos, com a finalidade de buscar compreender o significado dos eventos relativos ao processo saúde-doença nas diversas fases do ciclo vital. (GUALDA, 1993; GONZALEZ, 1993; HOGA, 1995; BONADIO, 1996; BONILHA, 1997).

Gestação, parto e puerpério são exemplos de processos fisiológicos atribuídos de significado na especificidade de cada cultura, que designam formas apropriadas de sentir e de se comportar socialmente. De todos eles, talvez o parto, seja o mais importante por culminar todo o processo. Do ponto de vista fisiológico, pela brevidade do seu transcurso, pela súbita transformação que causa ao organismo materno, por ocasionar e por propiciar a manifestação de intercorrências desenvolvidas ao longo do período pré-concepcional, pré-natal ou no seu transcorrer. Do ponto de vista cultural, por se constituir numa crise do ciclo vital envolta em rituais, por simbolizar as maneiras como as mulheres vivenciam essa experiência individual e coletivamente e por ter propiciado freqüentes confrontos entre concepções populares e concepções profissionais predominantemente hegemônicas, que têm tornado parturientes alvo de condutas iatrogênicas, desumanizadas e etnocêntricas no contexto atual do país, merecendo um destaque especial na presente análise.

Segundo KITZINGER (1978) o parto, como outros processos fisiológicos, nunca é totalmente natural. Durante o trabalho de parto, a mulher parece estar envolvida numa atividade fisiológica, instintiva e sob muitos aspectos solitária. MICHAELSON (1988) afirma que atualmente, a disponibilidade de conhecimento sobre os processos de parto em outras sociedades, tem reduzido a romantização de ser considerado natural e livre de intervenção. Aceita-se, atualmente, que as mulheres de sociedades primitivas caracterizadas pela baixa tecnologia tinham partos laboriosos sujeitos a intervenções e atitudes negativas, que muitas vezes levavam à morte da mãe, do feto ou do neonato. Assim, a autora afirma que a intervenção no processo do nascimento não demanda alta tecnologia e que ela faz parte do ritual de condução do parto. ROMALIS (1981) enfatiza que a reprodução é considerada deveras importante para ser deixada à mercê da natureza.

Nesta perspectiva, podemos afirmar que o ato de dar à luz não é simplesmente um ato fisiológico, mas um evento definido e desenvolvido num contexto sociocultural. O parto é um fenômeno social porque redefine a identidade da mulher e afeta não só a relação dos pais, mas também de outros grupos com as quais mantêm contato e dos quais fazem parte. É considerado um evento cultural, pois ocorre num contexto definido que tem seu modo de organizar e moldar esta crise biológica. Nele estão incluídas as crenças, os valores, as práticas, os cuidados e o seu significado.

Segundo MICHAELSON (1988) no que se refere à fisiologia, a experiência do parto para a mulher atravessa o tempo e a cultura. Enquanto processo cultural, varia amplamente de uma cultura para outra. Em todas as sociedades há regras que controlam o nascimento e modificam a universalidade dos fatos fisiológicos. As regras especificam o local de sua ocorrência, determinam quem atende a parturiente e indicam os comportamentos a serem adotados durante o trabalho de parto.

JORDAN (1983) faz uma distinção entre parturição e nascimento, sendo o primeiro, o ato fisiológico do nascimento, que é a grosso modo universal, e o segundo, representado pelas maneiras que o processo é vivenciado, atribuído de significado e comportamentalmente conduzido nas diversas sociedades. Ao se detalhar sobre esta questão afirma que o nascimento é uma transação complexa, cujo tópico é fisiológico e cuja linguagem é cultural. Tópico e linguagem, ou seja, conteúdo e organização, numa abordagem holística precisam ser considerados em conjunto. Acrescenta que, muitos estudos têm demonstrado que o nascimento é universalmente tratado como um fenômeno que representa uma crise existencial no ciclo vital. Assim sendo, está sujeito à moldagem consensual, à padronização e à regulação social, condicionado à história local, à ecologia, à estrutura social, ao desenvolvimento tecnológico, dentre muitos outros. Considera, ainda, que na maioria das sociedades, o parto e o pós-parto são períodos de vulnerabilidade para a mãe e o neonato, um momento de perigo para toda a família e a comunidade. Os perigos e as incertezas associadas ao nascimento, conduzem à elaboração de crenças e práticas internamente consistentes e mutuamente dependentes, com a finalidade de tratar os aspectos considerados fisiologicamente e socialmente problemáticos do parto de maneira congruente a um contexto cultural particular. Essas práticas esboçam rotinas relativamente uniformes, sistemáticas, padronizadas, ritualizadas e até moralmente orientadas.

Com base nestas considerações ROMALIS (1981) afirma que apesar de toda possível variação, há alguns temas que são geralmente comuns a todas as culturas: a reprodução é considerada um aspecto central na vida da mulher, uma transição da infância para a fase adulta; o nascimento envolve rituais que têm por finalidade assegurar o bem estar do feto; as mulheres sempre contam com apoio emocional e social durante o período do parto e nascimento.

Nesta perspectiva sociocultural, o nascimento é encarado como um rito de passagem. Para DAVIS FLOYD (1988) o rito de passagem engloba os diversos rituais elaborados para conduzir um indivíduo ou grupo, de um *status* para outro, quando ocorre uma transformação da percepção da sociedade em relação ao indivíduo e do indivíduo em relação a si mesmo.

Os rituais são parte integrante das culturas indissociáveis deles. Na trajetória do processo do viver dos seres humanos, representam eventos marcantes, momentos especiais ou fases que envolvem atos ou atividades que devem ser envoltos em cuidados especiais. Em algumas culturas são mais elaborados, em outras menos, mas são sempre impregnados de significados e no nascimento tem a finalidade de incorporar o novo e reduzir a incerteza (MONTICELLI, 1994).

VAN GENNEP (1978) ao estudar exaustivamente os ritos de passagem procurou demonstrar que os mesmos constituem-se de três fases e que esta característica pode se encontrada, tanto nos grupos tribais como nas grandes civilizações. Considera que as passagens seguem de algum modo um padrão de paradas e movimentos, em movimento de alternância. Segundo DA MATTA[1] (1978), Van Gennep "viu tudo como sendo constituído de passagens e deslocamentos, quando as fases se resolviam entre si dialeticamente, com a anterior sendo cancelada pela posterior e, ambas, finalmente resolvidas por uma síntese ou terceira fase, quando o mundo retorna ao seu curso rotineiro e normal".

Para VAN GENNEP (1978) no processo de gravidez e parto, primeiramente, são executados os ritos de separação, que fazem a mulher grávida sair da sociedade geral. Em seguida vem o período da margem, quando ocorrem os ritos de gravidez propriamente ditos. Finalmente os ritos de parto, que têm por finalidade reintegrar a mulher na sociedade a qual pertencia anteriormente ou designar para ela uma situação nova na sociedade geral, na qualidade de mãe, principalmente quando do primeiro parto. O retorno à vida comum raramente é feito de modo brusco, sendo que o parto não é necessariamente considerado o momento terminal do período de margem, sendo este variável nas diversas sociedades. Este *retorno social do parto*, conforme denominado por ele, em nossa sociedade, tende a coincidir com o retorno do parto físico. Este fato está em relação direta com o progresso do conhecimento da natureza e de suas leis.

---

[1] DA MATTA, R. Apresentação. In: VAN GENNEP (1978).

MEAD e NEWTON (1967) aludem que os sistemas de nascimento só podem ser compreendidos quando inseridos num contexto cultural. Apresentam um esquema no qual sugerem alguns fatores que afetam a atitude cultural e os padrões de cuidado durante o processo. Destaca cinco fatores principais: o primeiro deles diz respeito ao grau de importância que a cultura atribui ao evento. Este aspecto determina o preparo da mulher para o parto, as modificações nas rotinas dos envolvidos e o suporte dispensado à parturiente pelos membros da rede social. O segundo aspecto refere-se ao modo que o evento é encarado, se como uma ocorrência fisiológica ou como uma doença, o que determina a atitude com relação à parturiente e o tipo de cuidado que recebe. Quando considerado um evento normal é franqueada a participação daqueles que assim o desejam. O terceiro fator apontado é o sigilo e a privacidade no qual o evento é envolvido. Estes aspectos influenciam a transmissão de informações a respeito das particularidades da reprodução, as quais são mais ou menos reservadas, muitas vezes no âmbito feminino, veiculadas gradativamente na medida que a mulher vivencia a experiência. O quarto fator considerado refere-se à ligação do nascimento com as relações sexuais, que estabelece normas de comportamento após o parto. O último fator apontado diz respeito à concepção do parto como um evento extraordinário, sujeito a determinação sobrenatural, fora do controle dos seres humanos, quando mãe e filho correm risco de adoecer ou morrer. Os autores ressaltam que, até certo ponto, estes fatores resultam em padrões de comportamento e práticas de cuidado diversificadas que precisam ser analisadas para se compreender a lógica dos sistemas de nascimento.

JORDAN (1983) elaborou um estudo transcultural do nascimento no qual comparou quatro grupos culturais. Notou diferenças significativas, no que se refere a características biossociais, tais como a sua conceituação, a natureza do processo de tomada de decisão e os sistemas de assistência e suporte disponíveis para a parturiente. Considerou-os recursos relevantes na compreensão da estrutura do sistema de nascimento.

Para a autora a conceituação do parto tem um *status* ideológico, que representa a visão compartilhada do grupo em relação ao evento, ou seja, o modo que a fisiologia da parturição é socialmente interpretada. De modo simplificado, informa aos participantes, quem, onde e como, ou seja, indica quem são as pessoas apropriadas para atender o parto, determina o território do nascimento, dá subsídios para as intervenções e fornece justificativas para as práticas adotadas. Assim sendo, considera o mais poderoso indicador e o elemento central ao qual os demais são articulados.

Nas culturas estudadas (Holanda, Iucatan, Suécia e Estados Unidos), identificou quatro conceituações diferentes de nascimento. Numa delas era considerado um evento natural onde a intervenção era reduzida ao mínimo, por acreditarem que, quando completado o tempo necessário, a natureza se encarregaria de levá-lo a bons termos. Em outra, era tido como um evento estressante, porém normal no contexto familiar, sendo, portanto, conduzido com recursos corriqueiros e na proximidade da rede social. Num terceiro era visto como um momento de realização pessoal muito gratificante o que levava à sua condução numa atmosfera de silêncio, tranqüilidade e concentração, na qual o foco de atenção era o ato de parir da mulher. Finalmente, no local onde há valorização da tecnologia era concebido como um evento médico, sendo enfatizados, predominantemente, os aspectos fisiológicos e freqüentemente os aspectos patológicos do nascimento.

A autora acrescenta que, nas duas primeiras culturas estudadas, o local de ocorrência do parto era predominantemente o domicílio. Na terceira o hospital, muito embora sofressem várias adaptações para assegurar à mulher o conforto e a possibilidade do convívio familiar. Enfatiza que, nessas três condutas, é altamente valorizado o relacionamento da mulher com as pessoas encarregadas de assistirem o parto.

JORDAN (1983) ao analisar a cultura americana afirma que a adoção do modelo biomédico no parto tem várias implicações, tanto em termos de padrões de comportamento, como em termos de demanda e prestação de cuidados; o local apropriado para o parto passa a ser o hospital e condutas padronizadas são recomendadas, possibilitando a proliferação de rituais mais elaborados e as variáveis riscos e benefícios são analisadas, em função do resultado final, tendo-se em vista os aspectos fisiológicos; a parturiente é transformada em paciente, assumindo-se que seja incapaz de lidar com as alterações próprias da sua condição sendo obrigada a buscar ajuda de profissionais; a competência técnica torna-se o requisito essencial no cuidado à paciente, demandando do médico a utilização do seu conhecimento e de todos os seus recursos a serviço do problema da paciente, os quais devem ser retribuídos, com sentimentos de credibilidade e confiança; e finalmente a demanda da tecnologia e da medicação é intensificada.

ROMALIS (1981) tece várias críticas a este modelo afirmando que no sistema de nascimento norte-americano contemporâneo, o apoio emocional durante o parto, a colaboração do médico ou da parteira com a parturiente e a presença de rostos familiares foram substituídos pela esterilização e por estranhos que depositam inteira confiança nas drogas e nas máquinas e pouca ou quase nenhuma confiança na capacidade da mulher de tomar decisões. Neste contexto, todos os partos são considerados um problema médico, a não ser que seja provado o contrário.

Estas considerações apontadas pelos autores acima foram corroboradas em estudo etnográfico realizado por GUALDA (1993) em nosso meio. Foi conduzido com um grupo de mulheres residentes em uma comunidade de baixa renda da cidade de São Paulo, que vivenciaram parto domiciliar ou hospitalar ou ambos. Retrata as crenças, os valores e o significado do parto.

Para as mulheres estudadas, o ponto fundamental do processo do nascimento é a natureza. A natureza diz respeito às características individuais de cada mulher e às características do processo de parto. Assim sendo, parto é considerado um evento natural na vida da mulher e cada um deles tem características próprias e únicas para cada uma delas. Acreditam que só através da vivência é possível conhecer a si própria e o seu processo de parto, que se concretiza através da sua sucessão, conferindo à mulher autonomia de decisões e ações em benefício próprio durante o período.

A dor do parto também foi permeada pela natureza e considerada um componente essencial da maternidade. Embora referida como sofrimento, as mulheres expressaram a necessidade e o desejo de experimentá-la e sentiram-se capazes de tolerá-la. Natureza e dor são consideradas como determinação divina, cabendo a cada qual aceitar e suportar.

A natureza se fez presente também na participação do bebê, através de suas condições, na determinação do momento exato do nascimento e em todas as fases do mecanismo de parto.

A conceituação do parto dessas mulheres em várias situações foi de encontro à conceituação de parto de profissionais orientados pelo modelo biomédico gerando vários conflitos, contribuindo negativamente para a qualidade da experiência por elas vivenciada, favorecendo o controle médico que ignora o seu conhecimento a respeito do próprio corpo e dos processos individuais de parto.

No que se refere à avaliação da assistência, esta foi feita em dois níveis. O primeiro abrangendo o processo de parto, no seu aspecto fisiológico que foi considerado bom. O segundo englobando os aspectos subjetivos peculiares à natureza ou à experiência das mulheres, que apontaram para a falta de compreensão, descaso ou falta de respeito por parte dos profissionais gerando dificuldades nas diversas fases do parto, em partos subseqüentes ou em suas vidas.

Os dados evidenciaram que em termos de acesso ao sistema de saúde este grupo tem sido prejudicado. Algumas mulheres experimentaram dificuldade de chegar ao hospital, de encontrar vagas e de ter que peregrinar na busca de atendimento. E esta é a situação de um grande contingente da população brasileira. Justamente as que mais necessitam de atendimento médico não têm condições de encarar o crescente aumento do custo da assistência ao parto. São estas que se vêem diante das barreiras do sistema de saúde.

Mas o que nos chama a atenção é que o que mais foi enfatizado pelas mulheres estudadas foi a qualidade global da assistência recebida durante o parto. Algumas delas revelaram que, após experiências negativas, optaram pelo parto domiciliar, sem nenhuma ajuda ou com ajuda de leigos, apesar de reconhecerem que o hospital dispõe de mais recursos e permite maior segurança.

Estes relatos levam-nos a afirmar que, enquanto profissionais, estamos nos apoiando, em demasia, num sistema científico de certezas e deixando de lado os aspectos sociointeracionais e socioecológicos, que para os indivíduos, são de importância fundamental, na orquestração deste evento biológico, como salienta JORDAN (1983).

Faz-se necessário portanto, incorporar estes aspectos específicos relativos ao significado do parto para atingir a tão almejada qualidade assistencial, na perspectiva da saúde reprodutiva, visando o desenvolvimento humano e social.

REFERÊNCIAS BIBLIOGRÁFICAS

BERNARDI, B. *Introdução aos estudos etnoantropológicos.* Lisboa, Edições 70, 1992, c.1, p.19-48: Natureza e cultura.

BONADIO, I.C. *"Ser tratada como gente"*. A vivência de mulheres atendidas no serviço de pré-natal de uma instituição filantrópica. São Paulo, 1996. 200p. Tese (Doutorado) – Escola de Enfermagem, Universidade de São Paulo.

BONILHA, A. *"Criança miúda"*. O cotidiano do cuidar no contexto familiar. São Paulo, 1997. 150p. Tese (Doutorado) – Escola de Enfermagem, Universidade de São Paulo.

DAVIS-FLOYD, R.E. Birth as an American rite of passage. In: MICHAELSON, K.L. et al. *Childbirth in America:* anthropological perspectives. Massa-chussetts, Bergin's Gavey Publisher, 1988. c.10, p.153-73.

GONZALEZ, L.A.M. *"A doença veio para ficar":* estudo etnográfico da vivência do ser diabético. São Paulo, 1993. 176p. Tese (Doutorado) Escola de Enfermagem, Universidade de São Paulo.

GUALDA, D.M.R. *"Eu conheço minha natureza"*: um estudo etnográfico da vivência do parto. São Paulo, 1993. 288p. Tese (Doutorado) – Escola de Enfermagem, Universidade de São Paulo.

HELMAN, C.G. *Cultura, saúde e sociedade.* Porto Alegre, Artes Médicas, 1994.

HOGA, L.A.K. *"À mercê do cotidiano da anticoncepção:* a mulher segundo o seu caminho. São Paulo, 1995. 247p. Tese (Doutorado) – Escola de Enfermagem, Universidade de São Paulo.

JORDAN, B. *Birth in four cultures:* across cultural investigation of childbirth in Yucatan, Holand, Sweden an the United States. Montreal, Eden Press, 1983.

KITZINGER, S. *Mães:* um estudo antropológico da maternidade. Lisboa, Presença, 1978.

LEININGER, M.M. *Culture care diversity and universality:* a theory of nursing. New York, National League for Nursing Press, 1991. c.1, p.5-72: The theory of culture care diversity and universality.

MEAD, M.; NEWTON, N. cultural patterning of perinatal behavior. In: GRIMM, E.R. et al. *Childbearing*: its social and psychological paspects. Baltimore, Williams Wilkins, 1967. c. 4, p.142-244.

MICHAELSON, K.L. Childbirth in America: a brief history and contemporary issues. In: MICHAELSON, K.L. et al. *Childbirth in America:* anthropological perspectives. Massachussetts, Bergin Gavey Publishers, 1988. Introduction, p.1-32.

MINAYO, M.C.S. Abordagem antropológica para avaliação de políticas sociais, *Rev. Saúde Pública,* São Paulo, c. 25, v.3. p. 233-8, 1991.

MONTICELLI, M. *O nascimento como um rito de passagem:* uma abordagem cultural para o cuidado de enfermagem às mulheres e recém-nascidos. Florianópolis, 1994, 260p. Dissertação (Mestrado) – Departamento de Ciências da Saúde, Universidade Federal de Santa Catarina.

ORTNER, S.B. Está a mulher para o homem assim como a natureza para a cultura? In: ROSALDO, M.Z.; LAMPHERE, L. *A mulher, a cultura e a sociedade.* Rio de Janeiro, Editora Terra e Paz, 1979. c. 3, p.95-120.

ROMALIS, S. An overview. In: ROMALIS, S. *Childbirth*: alternatives to medical control. Austin, University of Texas Press, 1981. c. 1, p. 3-32.

VAN GENNEP, A. *Os ritos de passagem.* Petrópolis, Vozes, 1978.

Programas Nacionais de saúde materno-infantil: papel do Estado, da mulher e da enfermagem[1]

Maria Antonieta Rubio Tyrrell
Vilma de Carvalho

INSTITUCIONALIZAÇÃO DA SAÚDE MATERNO-INFANTIL

A institucionalização da proteção de saúde materno-infantil se dá quando da reforma sanitária de Carlos Chagas, na década de 20, desenvolvendo-se em períodos subseqüentes[2] por força dos dispositivos legais e programáticos. Inúmeras foram as modificações em nível ministerial e, conseqüentemente, no planejamento e na organização da assistência materno-infantil.

Os problemas mais gerais dos serviços de saúde no Brasil são amplamente conhecidos e registrados, conforme consta nos documentos (governamentais e não governamentais), citados neste estudo e na bibliografia pertinente. Embora reconhecendo que tenham sido adotadas, nestas últimas décadas, diversas medidas técnico-operacionais para melhorar a eficiência e a eqüidade do sistema público de saúde, estas não têm se caracterizado em verdadeiras reformas de políticas públicas e de saúde como desejadas e conclamadas.

A questão central que se coloca de imediato, após 30 anos de inclusão de medidas de proteção à mulher e à criança na legislação sanitária brasileira, do movimento feminista pela saúde da mulher, do esforço de apelos (apesar de modestos) do movimento (interno) de mulheres profissionais, é que a situação da mulher e da criança, ainda hoje, é bastante grave, persistindo altos índices de morbimortalidade materna e infantil.

O papel do Estado tem sido limitado em definir programas: Programa Nacional de Saúde Materno-Infantil - PNSMI (MS,1974), Programa Nacional de Saúde Materno-Infantil - PNSMI (MS/MPAS, 1978), Programa de Assistência Integrada à Saúde da Mulher - PAISM (MS,1984), Programa de Assistência à Saúde Perinatal -

---

[1] Resultados (Resumo) Tese de Doutorado em Enfermagem.
[2] 1920-1940: Da Seção de Higiene Infantil e Assistência à Infância (IHI) à Divisão de Amparo à Maternidade e à Infância (DAMI);
1940-1970: Do Departamento Nacional da Criança (DNCr) à Coordenação de Proteção Materno-Infantil (CPM I);
1970-1985: Da Coordenação de Proteção Materno-Infantil (CPMI) à Divisão Nacional de Saúde Materno-Infantil (DINSAMI);
1985-1995: Da Coordenação Materno-Infantil (COMIN).

PROASP (MS, 1991); normas e critérios técnicos, no plano nacional (de assistência pré-natal de baixo e de alto risco, de prevenção das doenças sexualmente transmissíveis, de prevenção de câncer cérvico-uterino e mamário, de planejamento familiar, institucionalização da assistência ao parto, puerpério e ao recém-nascido, manual de assistência ao recém-nascido, de assistência aos portadores de AIDS, etc.). Estes caracterizam-se em propostas de um modelo "tradicional, tecnocrata, de administração", impondo-se às redes das Secretarias Estaduais e Municipais como um modelo de atendimento nem sempre correspondente às condições concretas de saúde das populações assistidas e nem sempre equivalente aos quantitativos e qualitativos de profissionais e demais trabalhadores da área da saúde que poderiam executar esses programas.

Cabe enfatizar, que nesse contexto, são dois os aspectos fundamentais que identificamos nos documentos oficiais:

– o primeiro diz respeito ao caráter vertical dos programas, isto é, o fato de ter suas metas e normas decididas em nível central e por critérios técnicos (em concordância com o modelo tecnocrata da administração brasileira da época), que impunham às redes de saúde das Secretarias Estaduais um modelo de atendimento que nem sempre correspondia às condições concretas de saúde da população alvo;

– o segundo relaciona-se com os instrumentos de operacionalização do programa, cujo manuseio requeria informações (que os funcionários executores das atividades programadas não dispunham) e recursos inacessíveis às Secretarias Estaduais de Saúde (embora a operacionalização pudesse envolver outras instituições, foram as Secretarias Estaduais as principais responsáveis por ela).

Acrescente-se a isso, que os serviços de saúde à mulher e à criança, em que pese os esforços conjuntos de organismos nacionais (MS, MPAS, outros) e internacionais (ONU, OEA, UNICEF, OPAS/OMS, OIT) e outros organismos não têm sido, satisfatoriamente, contemplados nas políticas públicas e de saúde e, muito menos, nos orçamentos oficiais.

Nesse particular e segundo as opiniões da maioria dos ex-coordenadores e das enfermeiras da Coordenação Materno-Infantil do Ministério da Saúde - COMIN/MS (gravadas em entrevistas realizadas em Brasília), a maior dificuldade sentida, em nível central, refere-se aos problemas de escassez dos recursos orçamentários (diminuindo progressivamente) para a normatização e o treinamento dos recursos humanos, para a aquisição de material bibliográfico e para o apoio financeiro às consultas, visitas para assessoria, supervisão e outras.

Desse modo, as questões que gostaríamos de destacar, relacionadas com a situação da saúde das mulheres e das crianças, são: a influência ou não do movimento feminista na determinação dessas políticas e programas e a formulação e operacionalização desses programas (propostas governamentais), com destaque para as atividades de enfermagem.

O debate sobre a necessidade de oferecer serviços de saúde à população pelo sistema público e que mobiliza a sociedade civil, com destaque para os grupos organizados de mulheres, em âmbito nacional e internacional, é caracterizado por um forte movimento em favor da luta pelos direitos de cidadania (civis, políticos e sociais) e pela democratização da saúde.

Nesse movimento, a contradição mais evidente que foi identificada é que, enquanto se conclama mais por serviços de saúde públicos (gratuitos), mais se fortalece o complexo médico – empresarial, o que garante, desta forma, a dominação capitalista da prática médica, comprometendo até a pretendida racionalidade administrativa dos programas.

O movimento feminista e as entidades de mulheres (governamentais-oficiais, e não governamentais – ONGs) têm desempenhado um papel fundamental, enquanto entendido como fórum de debate das questões da saúde. Sua contribuição tem se dado, principalmente, através da análise e crítica das proposições governamentais (ou não), nas políticas e programas de saúde, das distorções de modelos de assistir, ineficácia dos serviços de saúde e das más condições de saúde do grupo visado. Suas principais reivindicações dizem respeito às temáticas (que também se tornaram públicas): direito à procriação, sexualidade e saúde, planejamento familiar, descriminalização do aborto, democratização da educação para a saúde, e outras medidas entendidas na esfera da "saúde pública" e não do "ato médico".

Cabe enfatizar que embora o movimento feminista tenha contribuído, substancialmente, para a mudança de abordagem – no plano do discurso estatal – da conceituação de assistência de saúde à mulher e à criança (de mãe para mulher e de filho para criança) enquanto programas específicos (e não mais materno-infantil), a operacionalização mesma da oferta e da qualidade dos serviços continua sendo com enfoque biológico e curativo e ainda é oferecido de forma limitada na esfera pública.

A ampliação do conceito de saúde, para KAREN GIFFIN (1991) faz parte das reivindicações do movimento das mulheres, que vem participando da promoção de saúde da mulher em todos os níveis. Nas Conferências Nacionais de Saúde e de Direitos da Mulher, em especial as realizadas em 1986 e 1989, os temas de saúde mental, sexualidade, aborto, adolescência, velhice, trabalho e saúde e cidadania foram destacados como áreas essenciais que exigem avanços urgentes.

Para essa autora, a nível conceitual, a ampliação do conceito de saúde: *"é fruto de análise da condição feminina e abrange as esferas de produção e reprodução, e aborda as complexas relações entre ambas, tanto a nível das práticas sociais como a nível ideológico"*.

Em relação aos programas de saúde, na área materno-infantil, embora sua evolução caracterize uma suposta mudança no enfoque de "normativo" para "estratégico", vale dizer que os mesmos não têm traduzido efeitos positivos nos níveis de saúde da população, uma vez que os principais problemas de saúde da mulher e da criança não se encontram nas "metodologias" que assegurem ações de saúde do tipo de "quem faz" e "como se faz", permanecendo no nível social e estrutural, as características que encontraram seu perfil na dimensão epidemiológico-social.

PROGRAMAS DE SAÚDE MATERNO-INFANTIL: Trajetória Evolutiva

A evolução dos programas de saúde materno-infantil apresenta características comuns em oito elementos constitutivos: planejamento, articulação, finalidade, unidades de serviços, subprogramas e atividades, recursos humanos, participação comunitária e modelo adotado.

No planejamento, constata-se que na determinação das diretrizes há, realmente, um acréscimo como se fossem complementos, acarretando uma expansão de papéis e de atividades na programação. Exemplificamos a seguir:

– Quanto ao planejamento: no PNSMI (1974), determinou-se que a programação seria por serviços prioritários; no PNSMI (1977), que obedeceria à implantação dos serviços básicos e, no PAISM e PAISC (1984), definia-se a expansão dos serviços básicos.

– A articulação no PNSMI (1974) se daria nos níveis federal, estadual e municipal; no PNSMI (1977) se definiria a regionalização dos serviços e no PAISM e PAISC (1984), surgia a referência e contra-referência.

– A finalidade no PNSMI (1974) era reduzir os altos índices de morbi-mortalidade materno-infantil; no PNSMI (1977), desejava-se obter a descentralização técnico-administrativa; e, no PAISM e PAISC (1984), a idéia era ampliar a rede dos serviços básicos face à necessidade de extensão de cobertura de atendimento.

As unidades de serviços, nos PNSMI (1974 e 1977) e no PAISM e PAISC (1984), obedeceriam aos níveis de complexidade, do mais simples até o hospitalar, apenas salientando que no PAISM e PAISC, mudam as denominações dessas unidades.

Quanto ao modelo de programação dos subprogramas e da atividades, verifica-se uma expansão dos conteúdos a serem focalizados, conforme o registrado nesses programas. No PNSMI (1974), a assistência materna limitava-se ao processo da reprodução (pré-natal, parto e puerpério); no PNSMI (1977), além dessa assistência, foi acrescentada a assistência pré-concepcional e concepcional; no PAISM (1984), são incluídos conteúdos da assistência clínico-ginecológica.

A assistência à criança, no PNSMI (1974), era dirigida às crianças e adolescentes. As atividades eram especificadas aos menores de 1 ano e aos maiores de 1 ano; no PNSMI (1977) são explicitadas as atividades ao recém-nascido, ao menor de um (01) ano, ao de 1-4 anos, ao escolar de 12 até 18 anos; no PAISC(1984) são definidas, sem limitar por faixa etária, as atividades básicas: aleitamento materno e orientação alimentar, assistência e controle das infecções respiratórias agudas (IRA), imunizações, controle das doenças diarréicas e acompanhamento do crescimento e desenvolvimento.

Os recursos humanos, no PNSMI (1974), foram explicitados: pediatras, obstetras, enfermeiros, nutricionistas e assistentes sociais; auxiliares e práticos de enfermagem, atendentes e visitador sanitário; já no PNSMI (1977), não são mais explicitados esses trabalhadores e aponta-se a atuação da equipe multiprofissional de acordo com os níveis dos serviços; e no PAISM e PAISC(1984) aponta-se somente a equipe multiprofissional.

Quanto ao modelo adotado, em cada programa, estes recursos aparecem coerentes com as políticas da época: no PNSMI (1974) são as Ações Integradas de Saúde – AIS; no PNSMI (1977) continuam as AIS e acrescenta-se o Programa de Interiorização das Ações de Saúde e Saneamento – PIASS; no PAISM e PAISC (1984) surge o modelo da Assistência Integrada à Saúde, à mulher (AISM) e à criança (AISC). Sendo que, em todos os programas referenciados se faz presente a diretriz relacionada com a necessidade de participação comunitária.

Para as enfermeiras da equipe técnica dos programas de saúde à mulher e à criança, em nível central, os programas estão em andamento: uns mais avançados, outros menos avançados e muitos com grandes dificuldades. O que fica evidente é que as limitações dos serviços de saúde são de caráter estrutural, pois não dispõem dos recursos necessários para a realização das atividades programadas (humanos, materiais, institucionais e, principalmente, orçamentários).

O impacto dos programas *nos índices de morbimortalidade materna e infantil*, segundo os ex-coordenadores dos programas e as enfermeiras que neles atuam, *não foi observado ou mensurado*. De acordo com a opinião de um ex-coordenador da DINSAMI*, não tem havido proposta de trabalhar com indicadores de impacto porque *"a área da saúde não é a única responsável pela saúde ou pelas mudanças na saúde"*. Daí que até hoje persistem os altos índices de morbimortalidade e a situação de saúde das mulheres consta em todos os documentos oficiais, como "dramática" e "caótica".

Os profissionais da equipe técnica que integra os programas de saúde da mulher e da criança, entendem que, para a atuação nesses programas, se requer uma equipe multiprofissional. Nos programas estudados, inicialmente apontavam-se como elementos nucleares: médico, enfermeira, odontólogo, visitador sanitário, imunizador e parteira empírica (de acordo com a região). No PAISM e PAISC (MS,1984), é enfatizada a importância da composição de uma equipe multi-profissional, não se apontando mais que tipo de profissional faria parte.

Em nível central, além do pessoal administrativo, a equipe se resume a médicos e enfermeiras. No nível local, algumas vezes essa equipe limita-se ao médico e à enfermeira. Em outras, existe o médico e a auxiliar de enfermagem (ou atendente).

Um dos ex-coordenadores da DINSAMI, com muita propriedade, identificou que a área materno-infantil requer uma visão multiprofissional. Na nossa compreensão, a problemática da mulher e da criança se estende além da área técnica. A qualidade da assistência integral requer a participação de outros profissionais, tais como: antropólogos, sociólogos, educadores, outros.

---

* Divisão Nacional de Saúde Materno-Infantil (DINSAMI).

INSERÇÃO DOS PROFISSIONAIS NOS PROGRAMAS: inserção da enfermagem

As propostas internacionais e nacionais sobre "recursos humanos de saúde", décadas de 70 e 80, se caracterizam por dar destaque hegemônico ao profissional "médico", em detrimento dos outros profissionais e demais trabalhadores da área da saúde com sérias implicações para a prática profissional e para a adoção do trabalho em equipe.

A questão da inserção da enfermagem nos PNSMI, quando de sua implantação, em 1974, ocorre em um período em que se reabre o debate na área da saúde, possibilitando a discussão e a reflexão sobre a situação da enfermagem no contexto político-social brasileiro.

Desde o primeiro programa de saúde materno-infantil, a enfermagem foi caracterizada pela concepção de "execução" de tarefas e de acordo com o local onde se realizam os cuidados, indicando-se o que deve ser feito e descrevendo-se procedimentos tradicionais na assistência à mãe e à criança. Suas ações representam medidas de intervenção nas instituições de saúde, buscando racionalizar os recursos humanos, especialmente, os de enfermagem. Nessa proposta, o Estado, no dizer de MARQUES(1988), "estabelece as relações de poder e de hierarquia, traduzindo uma divisão de trabalho bem definida entre as profissões e na equipe de saúde e na de enfermagem entre as diferentes categorias".

Quanto à prática da enfermagem profissional, a situação era, contudo, legal nos termos da Lei Nº 2.604/55, que dispunha sobre o exercício profissional em geral e o da enfermagem obstétrica. Esta Lei não respondia às necessidades sentidas pela categoria que questionava, principalmente, a condição ambígua de ser a enfermeira universitária e de desempenhar um papel subsidiário (situação que só foi modificada em 1986, quando é promulgada a Lei Nº 7.498 de 25/06/86, regulamentada pelo Decreto Nº 94.406 de 08/06/87)[3].

A produção científica de enfermagem sobre este tema, embora possa ser considerada relativamente vasta (54 trabalhos) para a época, revela uma postura "acrítica" (ROCHA, 1984), pela falta de fundamentação teórica e pelas avaliações subjetivas dos objetivos propostos, com reprodução de estatísticas oficiais que não satisfazem os resultados apontados.

A participação das enfermeiras, em nível central, em que pese um certo grau de qualidade da contribuição da enfermagem na área, através da capacitação e do desenvolvimento de recursos de enfermagem na área materno-infantil, foi limitada por condições históricas que impediram sua expansão e fortalecimento.

No período de 1970 a 1985 e mesmo na década de 1985 a 1995, muitas proposições emergem de eventos técnico-científicos promovidos pela classe, com

---

[3] A Lei 7.498/86 corresponde à lei (vigente) do exercício profissional de enfermagem no Brasil e define as funções e atividades de toda a equipe de enfermagem (Enfermeiro, Técnico e Auxiliar de Enfermagem e demais exercentes na área). O Decreto Nº 94.406/87, regulamenta os dispositivos da lei Nº 7.498/86.

assessoria, principalmente, da OPAS/OMS. Neles, verificam-se diretrizes e conceitos sobre assistência de enfermagem dirigida à mãe e à criança que, no plano do discurso, são até bem avançados. Nesses períodos, alguns modelos de prática, também, surgem liderados por docentes de enfermagem.

Reconhecendo que muitas têm sido as lutas empreendidas pelas entidades de classe (ABEn, ABENFO, COFEn e Sindicatos)[4] e pelas enfermeiras interessadas na situação da enfermagem, quanto à definição das funções próprias da enfermeira, podemos afirmar que avançamos tanto no plano da discussão quanto no conceitual. Contudo, ainda nos deparamos com sérios problemas no plano operacional.

Desse modo, podemos dizer que os principais problemas evidenciados, em que pese os avanços admitidos, referem-se à caracterização de um papel (de desempenho) da enfermeira, que, no modelo tradicional de atuação na assistência à mãe e à criança, é limitado. Nele, a enfermeira atua, predominantemente, na esfera administrativa. No âmbito da prática, entretanto, verifica-se a insuficiência de quantitativos e qualitativos de enfermagem.

A dinâmica de atuação da enfermeira na assistência de saúde à mulher e à criança complica-se, ainda, diante da polêmica sobre se a enfermeira, nesse setor, deve ser especialista ou generalista, e das divergências existentes quanto à prática da consulta e à prática da execução do parto e da auditoria dos cuidados pela enfermeira.

Essa concepção limitada da atuação da enfermeira e, conseqüentemente, da enfermagem, nos programas nacionais de saúde materno-infantil e, portanto, definida pelo Estado, acrescida da visão pouco dinâmica da saúde, das polêmicas e das divergências sobre funções específicas da enfermeira, na área, não justificaria este estudo se terminasse nesta análise[5]. Entretanto, vale enfatizar que não esgotamos todas as possibilidades de discussão sobre o tema, embora nossos resultados tivessem permitido um aprofundamento da questão, oferecendo uma riqueza de informações que poderão subsidiar análises futuras. Configura-se, com clareza, um quadro referencial para estudos pelos profissionais da saúde e da enfermagem na área materno-infantil, que transcende o "ritual acadêmico" de concluir aqui e agora. Nesse sentido, a nossa perspectiva é de continuidade de investigação do tema, assegurando estudos mais avançados face à determinação de linhas específicas de pesquisa não só favoráveis à criação de núcleos de pesquisa, ou de fortalecimento dos já existentes, mas principalmente de forma a impulsionar os estudos pertinentes à questão da mulher e da criança.

---

[4] ABEn: Associação Brasileira de Enfermagem é a legítima representante da categoria da enfermagem brasileira.
ABENFO: Associação Brasileira de Obstetrizes e Enfermeiras Obstetras é a legítima representante da categoria das obstetrizes e enfermeiras obstetras e neonatais; é vinculada à ABEn.
COFEn: Conselho Federal de Enfermagem, autarquia federal, é o responsável pela fiscalização do exercício profissional de enfermagem no Brasil.
[5] A análise mais ampliada das questões relacionadas com a temática encontra-se na publicação da tese em forma de livro "Programas Nacionais de Saúde Materno-Infantil: impacto político-social e inserção da enfermagem" de TYRRELL,M.A. Rubio e CARVALHO, Vilma. Universidade Federal do Rio de Janeiro, 1ª edição, 1995, 267p.

Para as autoras, os Programas de Saúde Materno-Infantil, que datam de 1974, em diante, traduzem, dentre outros, dois aspectos fundamentais:

– o primeiro está relacionado com a "utilização, pelos programas, de índices de morbimortalidade como critérios para a definição de objetivos e operacionalização de estratégias de ação, sem atentar, no entanto, para o contexto social e econômico em que se produzem as determinações de tais índices";
– o segundo, está relacionado "à caracterização de uma prática de enfermagem, dirigida à mulher e à criança, que reproduz na operacionalização mesma desses programas, um discurso e uma ideologia coerente com a política social e de saúde do país" (Tyrrell e Carvalho, 1995).

Por último, mas não por fim, mesmo admitindo-se as possíveis limitações do nosso estudo, acreditamos em sua força de intenção conceitual, para assegurar o progresso da enfermagem, na área da saúde da mulher e da criança. E, sem dúvida, não podemos deixar de apontar sua singular intenção metodológica, compatível com a emergência de um foco epistemológico de aproximação entre os temas de enfermagem desta área e as questões de gênero, saúde e desenvolvimento da condição feminina na sociedade.

REFERÊNCIAS BIBLIOGRÁFICAS

ALVES, B. M.; PITANGUY, J. *O que é feminismo*. São Paulo. Abril Cultural Tempo EDUC, 1988. 77p (Coleção Primeiros Passos).

ARELHA, M. *Reflexões sobre a saúde da mulher.* In: I Jornada do Comitê para a eliminação da Discriminação contra a Mulher. São Paulo, ago/set.,1987.

AROUCA, S. Democratização e Saúde. In: I Simpósio sobre Política Nacional de Saúde. 1980. Brasília. *Anais*. 280p. p.227-32.

ASSOCIAÇÃO BRASILEIRA DE ENFERMAGEM. Subtema enfermagem obstétrica. *Anais*. XXXVII CBEn, Pernambuco, 1985, p. 83-331.

-------. Subtema enfermagem pediátrica.*Anais*. XXXVII CBEn, Pernambuco, 1985, p.333-89.

-------. A "nova" lei do exercício profissional da enfermagem. *Caderno de Legislação*. Documento I. Comissão de Legislação. Brasília, 1987.

BRASIL,*Atos do Poder Executivo*. Decreto Nº 16.300 de 31/12/23. Cria e aprova o Regulamento do Departamento Nacional de Saúde Pública (Inspetoria de Higiene Infantil, Serviço de Enfermeiras e Escola de Enfermeiras).

BRASIL, Ministério da Saúde. Secretaria de Assistência Médica. Coordenação de Proteção Materno-Infantil.*Programas de Saúde Materno-Infantil*. Rio de Janeiro, 1974. 82p.

-------, -------. Secretaria Nacional de Assistência Médica. *Coordenação de Proteção Materno-Infantil*. Programas de Saúde Materno-Infantil. Brasília. 1977. 89p.

------,------. Secretaria Nacional de Programas Especiais de Saúde. Coordenação de Proteção Materno-Infantil. Programa de Saúde Materno-Infantil - *Normas para Assistência Materno-Infantil.* Brasília, 1977. 46p.

------,------. Secretaria Nacional de Programas Especiais de Saúde Programa de Assistência Integral à Saúde da Mulher. *Esboço programático preliminar.* Brasília, 1983. 36p.

------,------. Secretaria Nacional de Programas Especiais de Saúde. Divisão Nacional de Saúde Materno-Infantil. Assistência Integral à Saúde da Mulher. *Subsídios para uma ação programática.* Brasília, junho, 1983. 41p. (cópia xerográfica).

------,------. Secretaria Nacional de Programas Especiais de Saúde. Divisão Nacional de Saúde Materno - Infantil. Programa de Assistência Integral à Saúde da Mulher. *Normas de assistência.* Brasília, outubro, 1983. 152p. (documento preliminar, cópia xerográfica).

------,------. Secretaria Nacional de Programas Especiais. Centro de Documentação. Programa de Assistência Integral de Saúde à Mulher – *Bases programáticas.* Brasília. 1984. 27p.

------,------. Centro de Documentação. Programa de Assistência Integral à Saúde da Criança: *Ações básicas.* Brasília, 1984. 19p.

CARVALHO, A.C. Associação Brasileira de Enfermagem. 926-1976. *Documentário.* Brasília: ABEn, 1976.

CASTRO, I.B. *Aspectos críticos do desempenho de funções próprias da enfermeira na assistência ao paciente não hospitalizado.* Rio de Janeiro. Gráfica da Universidade Federal do Rio de Janeiro, 1977 (Tese de Mestrado) - Escola de Enfermagem Anna Nery, Universidade Federal do Rio de Janeiro, 1975.

COELHO, C.G.; FARIAS, F.C.; MAGALHÃES, M.M.A. O papel da enfermeira na assistência materno-infantil. In: SEMINÁRIO, 1970. Bahia. *Anais.* ABEn, 1970. 266p. p. 233-44.

CONSELHO FEDERAL DE ENFERMAGEM. *Enfermagem brasileira em defesa de seus direitos.* Rio de Janeiro, 1980. COFEn analisa o programa de assistência integral à saúde da mulher, do Ministério da Saúde. In: Normas e Notícias, abril, 1984, p.7-8.

CORDEIRO, H. *As empresas médicas.* Rio de Janeiro: Graal, 1984. 175p.

COZZUPOLLI, C.A. Curso de Pós-Graduação em Enfermagem: Área de Concentração em Enfermagem Obstétrica e Obstetrícia Social do Departamento de Enfermagem da Escola Paulista de Medicina. In: SEMINÁRIO NACIONAL DE PESQUISA EM ENFERMAGEM, 3, 1984, Florianópolis, Santa Catarina, *Anais.* ABEn/UFSC, 376p., p.293-98, 1984.

COZZUPOLI, C.A.; GARCIA, T.J.M.. Pesquisa em enfermagem Materno-Infantil. In: SEMINÁRIO NACIONAL DE PESQUISA EM ENFERMAGEM, 4,1985, São Paulo. *Anais.* ABEn/FINEP, 280p. p.33-41, 1985.

DOURADO, H.G. Recursos humanos de enfermagem para a assistência à saúde: enfermagem materno-infantil. *Rev. Bras. Enf.* Distrito Federal, 30, 162-7, 1977.

ESCOLA DE ENFERMAGEM ANNA NERY. *Programa de seminário sobre assistência materno-infantil no Brasil:* aspectos de serviço e educação em enfermagem e obstetrícia. Centro de Documentação da EEAN/UFRJ. Setembro, 1965.

FERNANDES, J.D. Contribuição da equipe multiprofissional nas ações de saúde - mito ou realidade? *Rev. Bras. Enf.* Distrito Federal, 34: 175-81.

FREDDI, W.E.S. A enfermagem obstétrica no contexto brasileiro. *Rev. Enf. Novas Dimensões*, v.3, n.5, p.283-28, 1977.

GIFFIN, K.M. *Mulher e Saúde.* In: Cadernos de Saúde Pública. Escola Nacional de Saúde Pública. Fundação Oswaldo Cruz. v. 7, n. 2, abril/junho, 1991. ed.esp. ISSN 0102-311 X.

GODINHO, T. et al. *Marxismo e Feminismo.* In: Cadernos Democracia Socialista. Aparte, 1989. 42p.

INSTITUTO LATINO AMERICANO DE ESTUDIOS TRANSNACIONALES. Especial Mujer. *Mujer e Democracia.* Fempress y Recortes Santiago de Chile, 50p. Chile, n.9, 1983.

MARQUES, M.B. *Contribuição ao estudo do movimento de proteção à maternidade e à infância.* Projeto PEPPE/221. Programa de Estudos e Pesquisas Populacionais e epidemiológicas FIOCRUZ/FINEP (cópia xerográfica). 1988.

OPS. *Conferencia Panamericana sobre la Planificación de Recursos Humanos en Salud:* El proceso de Planificación de Recursos Humanos. Ottawa, Canadá, 1973.

----.*Grupo de Estudo para Integração do Ensino em Saúde Materno-Infantil e Reprodução Humana nas Escolas de Ciências da Saúde.* Washington, Organização Panamericana da Saúde, 1974.

OPS/OMS. *Enseñanza de Enfermería Materno-Infantil.* Enseñanza de Enfermería da América Latina. Primer Informe. Publicación científica No. 260. Washington, 1972.

----. *Papel de la enfermería-obstetrícia en la atención materno-infantil. Informe de un grupo de trabajo.* Informes de Enfermeria No.19, W, DC, EUA. 1977. 45p.

----. *Normas de atención de enfermería-obstetrícia en el parto normal y participación en el parto prematuro.* Informes de Enfermería No. 20, W, DC, EUA. 1978. 37p.

OMS. *La Salud de la Mujer en las américas.* Pub. Científica Nº 488, W, DC, EUA, 1985. 164p.

REZENDE, M.A. *Considerações sobre Enfermagem Obstétrica.* REBEn. Ano XII, março, 1959, n.1, Rio de Janeiro.

ROCHA, S.M.M. *Puericultura e Enfermagem.* São Paulo. Cortez, 1987. 119p.

SILVA, L.M. *A Mulher e a Saúde.* In: Cadernos do Núcleo de Estudos e Pesquisas sobre a Mulher. Universidade Federal de Minas Gerais, Belo Horizonte. 1978. Caderno 5 - p.1-8.

SILVA, M.F.G. A enfermagem obstétrica na realidade brasileira. *Rev. Bras. Enf.*, outubro, 1965. p. 256-85.

TABAK, F. *Autoritarismo e participação política da mulher.* Graal, Coleção Tendência; v.6, Rio de Janeiro, 1983.

TORRES, C.R. Salud: buscando nuevos caminos. *Rev. Red de las Mujeres Latinoamericanas y del Caribe*. Isis Internacional. Chile, 3/90, 89p. p. 3-10. jul/ago/set. 1990.

TYRRELL, M.A.R.; CARVALHO, V. *Programas Nacionais de Saúde Materno-Infantil:* impacto político-social e inserção da enfermagem. 1ª ed. Gráfica da Universidade Federal de Rio de Janeiro, EEAN/UFRJ, 1995.

TYRRELL, M.A.R.; PAIM, R.C.N. Posicionamento do Enfermeiro na área materno-infantil face à política de saúde. In: V ENCONTRO DE ENFERMAGEM MATERNO-INFANTIL, 981 (Documento base). ABEn/RJ/UERJ, RJ, 1981.

O processo de cuidar na perspectiva de enfermeiros de um hospital de ensino

Marta Maria Melleiro
Daisy Maria Rizatto Tronchin
Sandra Andreoni

A assistência à saúde da mulher e ao recém-nascido (RN), no período perinatal vêm sendo objeto de discussões entre os profissionais de saúde, conscientes de sua responsabilidade quanto à importância da qualidade da assistência prestada a esta população.

A falta de humanização no atendimento, referido pelas usuárias e pelos profissionais que atuam nesta área e os altos índices de morbimortalidade materna e neonatal, têm sido alvo de críticas no que se refere a falta de qualidade dos serviços de saúde. Nesse sentido, teorias e modelos próprios da enfermagem foram e estão sendo desenvolvidos, salientando-se que a grande maioria converge para a necessidade de humanizar a assistência.

Planejar, prescrever, registrar e gerenciar os cuidados, culminando na avaliação dessas ações, são estratégias que os enfermeiros dispõem para propiciar a individualização e a continuidade da assistência.

SILVA (1990) refere que "quando o enfermeiro assume sua função primordial, que é a de coordenador da assistência de enfermagem, implementando-a por meio de um esquema de planejamento, garante o desenvolvimento de suas atividades básicas: administrativas, assistenciais e de ensino, promovendo, conseqüentemente, uma melhor organização do trabalho da equipe que passa a direcionar seus esforços em busca de um objetivo comum, que é o de prestar uma assistência de qualidade, atendendo as reais necessidades apresentadas pelos pacientes sob seus cuidados".

O processo de enfermagem é citado, por vários autores, como meio para que o enfermeiro assuma, técnica e cientificamente, a coordenação da assistência e sua utilização implica em um trabalho de equipe, envolvendo todos os profissionais que atuam junto ao paciente, bem como aspectos de estrutura organizacional onde o trabalho se desenvolve. Essa metodologia assistencial difundiu-se, no Brasil, na década de 60, a princípio nas escolas de enfermagem, tendo por base a Teoria das Necessidades Humanas Básicas de HORTA (1979).

Segundo HORTA (1979) essa teoria se apoia e engloba leis gerais que regem os fenômenos universais, tais como: a lei de equilíbrio (homeostase ou hemodinâmica); a lei da adaptação e a lei do holismo. Refere, ainda, que essa teoria desenvolveu-se a partir da Teoria da Motivação Humana, de MASLOW, que se fundamenta nas necessidades humanas básicas.

BARBIERI (1993) relata que "a assistência de enfermagem tem, no processo de enfermagem, um marco de referência para sustentação da documentação das ações curativas planejadas e executadas para a clientela".

O Departamento de Enfermagem do Hospital Universitário da Universidade de São Paulo (HU-USP), desde a sua implantação em 1981, demonstrou a preocupação em definir um método de trabalho que retratasse a qualidade do processo cuidativo. Para atingir esse objetivo, adotou os modelos teóricos de HORTA (Teoria das Necessidades Humanas Básicas) e de OREM (Teoria do Déficit de Autocuidado) e adaptou o processo de HORTA, utilizando três fases: histórico, evolução e prescrição de enfermagem (Quadro I, II, III e IV), resultando o modelo de assistência HORTA-OREM.

Simultaneamente instituiu os grupos de estudos de Sistema de Assistência de Enfermagem (GESAE) e o de Padrões e Auditoria (GEPA), tendo por objetivos analisar e avaliar a assistência de enfermagem prestada à clientela.

A implantação e o desenvolvimento desse processo ocorreu, nesta instituição, primeiramente, na área materno-infantil, que compreende as unidades de centro obstétrico, alojamento conjunto, berçário, pediatria, UTI pediátrica e neonatal. Desde então estas unidades, em consonância com a proposta filosófica do Departamento de Enfermagem, vêm mantendo suas bases técnicas e operacionais visando à satisfação das necessidades individuais e específicas da mulher, do RN e de sua família.

O Sistema de Assistência de Enfermagem (SAE) do HU-USP prevê um *continuum* assistencial, onde todo paciente ao ser atendido é avaliado pelo enfermeiro, iniciando-se um levantamento de dados para possibilitar um planejamento assistencial de acordo com suas necessidades.

Outro aspecto a ser considerado é o direcionamento da assistência para o autocuidado exigindo uma interação plena enfermeiro-paciente, pois para que o autocuidado possa ser implementado, é necessário que os objetivos da assistência derivem das necessidades, das preferências, das experiências prévias, das crenças e valores do próprio paciente e não somente da percepção do profissional que o assiste. Neste sentido os pacientes, no HU-USP, recebem orientações sobre como cuidar de si de maneira sistematizada, fundamentada e adaptada ou negociada, levando-se em consideração as suas crenças e valores, de acordo com seu grau de compreensão.

Os pais são incentivados a participar ativamente dos cuidados prestados a seu filho, sendo, em princípio, acompanhados pelos profissionais da equipe de enfermagem, passando progressivamente à condição de executantes dos cuidados de higiene, conforto e alimentação. Na UTI neonatal os pais têm a oportunidade de estar junto a seu filho, em horários flexíveis de visitas, podendo, assim, acompanhar a sua evolução.

Cabe salientar que, para o alcance do objetivo da proposta assistencial, foi necessário instituir uma filosofia de trabalho, envolvendo todos os profissionais que operacionalizam o SAE, identificar o perfil da clientela, elaborar padrões assistenciais de estrutura, de processo e de resultados, bem como dimensionar recursos humanos, estabelecendo um processo contínuo de avaliação da assistência prestada.

A Divisão de Enfermagem Materno-Infantil do HU-USP é composta por 70 enfermeiros, 14 técnicos e 146 auxiliares de enfermagem, distribuídos em cinco seções. Esse quantitativo de pessoal atende a 8 leitos de pré-parto e 4 salas de parto no centro obstétrico, 53 leitos no alojamento conjunto, 32 leitos no berçário, 36 leitos na pediatria e 16 leitos na UTI pediátrica e neonatal.

Ressaltamos que, para as seções de centro obstétrico e alojamento conjunto, existe a obrigatoriedade de que os enfermeiros tenham formação em obstetrícia, uma vez que nesta instituição o enfermeiro realiza o parto normal, devendo ter competência técnico-científica para identificar e intervir nas possíveis intercorrências do ciclo gravídico-puerperal.

A população atendida pelo hospital é constituída pela comunidade USP, que compreende docentes, discentes e servidores da universidade e pela comunidade residente na região do Butantã, do Município de São Paulo, pertencentes ao Núcleo 1 do Sistema Único de Saúde.

O perfil epidemiológico da clientela atendida pela Divisão Materno-Infantil do HU-USP no que se refere às patologias maternas e do RN mais incidentes são: doença hipertensiva específica da gravidez, rotura prematura de membranas, trabalho de parto prematuro e a prematuridade.

Em 1997 foram realizados aproximadamente 2.200 partos, sendo 75% de parto vaginal e 25% de parto cesárea. Cerca de 30% dos RN permaneceram internados no berçário patológico, sendo 70% encaminhados ao sistema alojamento conjunto.

O fluxograma, a seguir, demonstra a trajetória do trinômio mãe-pai-filho nesta instituição.

Fluxograma do trinômio mãe-filho-pai na área materno-infantil (HU-USP)

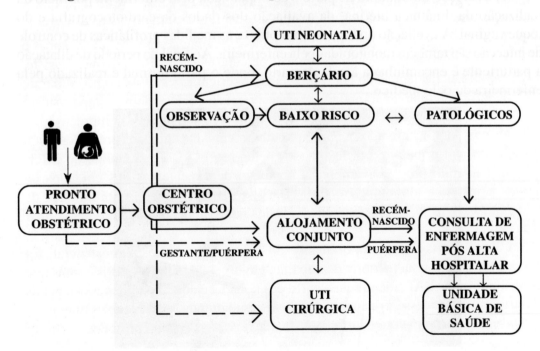

O PROCESSO CUIDATIVO DURANTE A INTERNAÇÃO NO HU-USP

A assistência à parturiente inicia-se no Pronto Atendimento de Obstetrícia (PAO), onde o médico realiza a anamnese e o exame clínico-obstétrico, a enfermeira aplica o histórico de enfermagem (ANEXO I e II) realizando o levantamento de problemas a serem abordados durante a internação. Caso a parturiente esteja sendo internada, em franco trabalho de parto, a enfermeira realiza apenas o exame físico, sendo a entrevista realizada após o parto, na unidade de internação.

Durante todo o período de pré-parto a parturiente é orientada quanto à evolução do trabalho de parto, tipo de parto e anestesia a que poderá ser submetida. A assistência à parturiente transcorre de maneira individualizada com ações dirigidas para a fase específica do trabalho de parto.

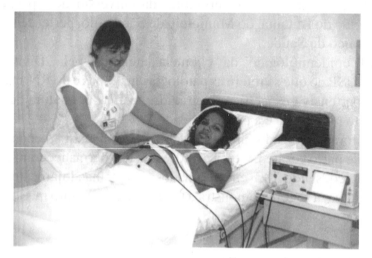

A evolução do trabalho de parto é acompanhada pela enfermeira por meio da realização da dinâmica uterina, da avaliação dos dados da cardiotocografia e do toque vaginal. A avaliação do líquido amniótico e as medidas profiláticas de controle de infecção são também monitoradas pela enfermeira. Ao final do período de dilatação a parturiente é encaminhada à sala de parto, onde o parto normal é realizado pela enfermeira ou pelo médico.

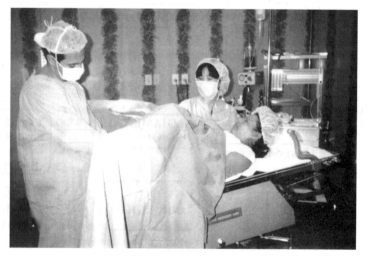

Após o nascimento, o RN recebe os primeiros cuidados na própria sala de parto ou quando em estado crítico, na sala de estabilização do RN. Esse momento é determinante para a saúde do neonato, uma vez que encontra-se susceptível a intercorrências, com risco de lesões neurológicas permanentes, necessitando, portanto, da presença de recursos humanos e materiais para seu atendimento.

A unidade de centro obstétrico está preparada para recepcionar o RN, de maneira rápida e efetiva, mantendo profissionais capacitados e entrosados, recursos materiais disponíveis e de fácil acesso para serem utilizados prontamente.

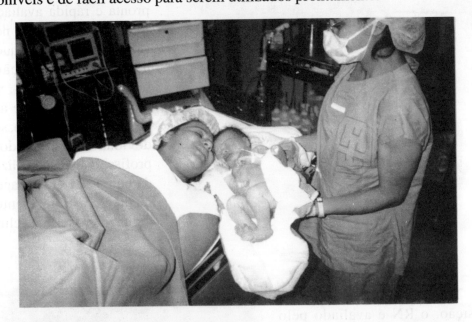

A recepção ou reanimação do RN é realizada sob calor radiante e compreende um conjunto de procedimentos que envolvem a avaliação das condições do neonato, realizada por meio do boletim de APGAR, desobstrução das vias aéreas superiores, clampeamento do cordão, identificação, exame físico e a profilaxia da infecção gonocócica. Realiza-se, ainda, o Capurro Somático e Neurológico, a fim de se verificar a idade gestacional em semanas. Ao término desses primeiros cuidados, o RN é colocado junto à mãe, favorecendo contato precoce entre eles. A seguir o RN é encaminhado à unidade de berçário ou UTI neonatal, dependendo de suas condições clínicas.

No berçário, ao ser admitido, o RN tem conferidos o sexo e a pulseira de identificação com os dados da Ficha do Recém-Nascido. É encaminhado para sala específica, podendo ser de observação, de baixo peso, de cuidados intermediários ou de médio risco. O RN é, neste momento, avaliado pela enfermeira, sendo verificada a temperatura corporal, administrado duas gotas de vitamina K, realizado o banho e curativo do coto umbilical e colocado em berço aquecido até completar seis horas de vida. Este deve merecer atenção especial durante o período de transição, pois segundo LEPLEY (1982) este período, em sentido mais estrito, é quando o RN experimenta uma série de mutações fisiológicas, de estabilização e adaptação à vida extra-uterina.

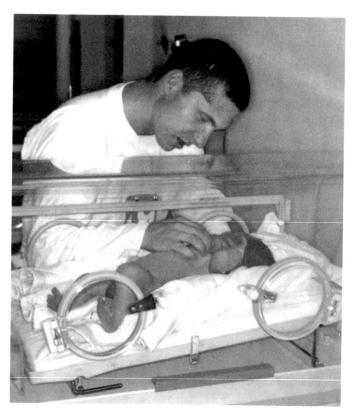

Corroboramos com BARBIERI (1993) quando relata que a observação do RN após o parto é de extrema importância para planejarmos uma assistência objetiva, culminando com uma pronta e rápida avaliação e intervenção, quando necessárias. Refere, ainda, que seis horas de acomodação no berçário é ideal, pois, nessa fase, ele necessita de ambiente calmo e aquecido, sendo devidamente atendido por profissionais especializados da equipe de enfermagem e médica, caso apresente alguma intercorrência clínica.

Transcorrido o período de transição, o RN é avaliado pelo neonatologista, podendo ou não ser transferido para o alojamento conjunto.

O RN, quando em estado crítico, é encaminhado do centro obstétrico à UTI neonatal em incubadora de transporte, acompanhado pelo neonatologista e pela enfermeira. Nesta unidade o RN necessita de vigilância contínua, decorrente das inúmeras adaptações cardiocirculatórias, respiratórias e metabólicas que ocorrem no período.

Considerando a complexidade da assistência a ser prestada ao RN em estado crítico é indispensável a presença de uma equipe de enfermagem especializada, possibilitando a recuperação, prevenção de

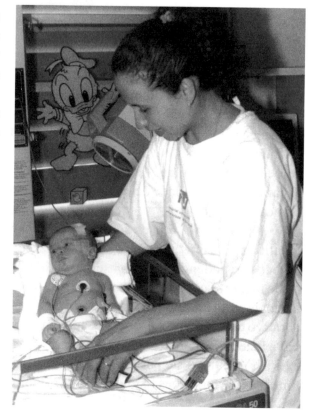

intercorrências neonatais e quando possível a ausência de seqüelas. A assistência imediata ao RN, na UTI neonatal, visa estabelecer suas condições vitais e o padrão respiratório de acordo com o tratamento proposto.

Tanto na unidade de berçário, quanto na UTI neonatal, é incentivada a presença dos pais com a finalidade de manter o vínculo afetivo e envolvê-los no atendimento a seu filho.

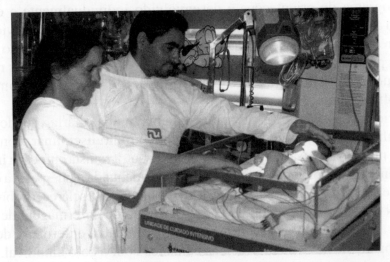

A puérpera é encaminhada do centro obstétrico à unidade de alojamento conjunto após o quarto período do parto, onde são avaliadas as condições da involução uterina, loquiação e dados vitais e onde passará por um período de repouso, devido à fadiga decorrente do processo de parturição.

O alojamento conjunto do HU-USP tem por finalidade incentivar o aleitamento materno, possibilitar a redução dos índices de infecção hospitalar, estabelecer vínculo afetivo entre o trinômio mãe-filho-pai e permitir que os pais recebam orientações que os tornem aptos a cuidar do RN no domicílio, não constituindo apenas um arranjo físico ao lado do leito da mãe.

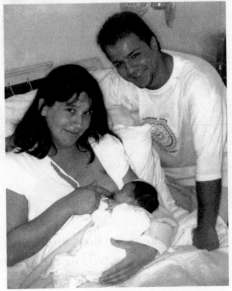

Segundo BARBIERI (1993) "a participação da enfermeira no referido sistema é de extrema importância e dentre os vários papéis que ela desempenha, o papel de educador ocupa uma posição de destaque, mantendo no serviço um plano educativo que se desenvolve de forma gradual e integrada, o que propicia aos profissionais da área uma conduta uniforme de ação, informações e orientações, oferecida às mães, aos pais, e conforme o caso, aos familiares".

O programa de orientações é desenvolvido individualmente e em grupos, respeitando as crenças e valores dessas puérperas e o conhecimento prévio adquirido durante o pré-natal na Unidade Básica de Saúde (UBS). Ao ser admitida no alojamento conjunto, a puérpera recebe um livreto de orientações, contendo temas referentes à fase em que se encontra, tendo a possibilidade de discuti-los com a equipe multidisciplinar, durante a internação.

As orientações em grupo são realizadas em reuniões diárias, sendo a primeira reunião realizada com a presença de uma equipe multidisciplinar, constituída de enfermeira, nutricionista e assistente social. Cabe à nutricionista enfocar a importância do aleitamento materno, bem como a alimentação adequada à puérpera; à enfermeira a fisiologia e a técnica de amamentação e à assistente social esclarecer sobre o registro civil do RN, de sua matrícula na UBS e da consulta de enfermagem de sete a dez dias após a alta hospitalar. Ainda nesta primeira reunião a enfermeira demonstra a técnica do banho de imersão do RN e os cuidados com o coto umbilical.

A segunda reunião é realizada no segundo ou terceiro dia de internação e é coordenada pela enfermeira, onde discute-se o retorno da puérpera à atividade física e sexual e as modificações fisiológicas que ocorrerão com o RN nas primeiras semanas de vida.

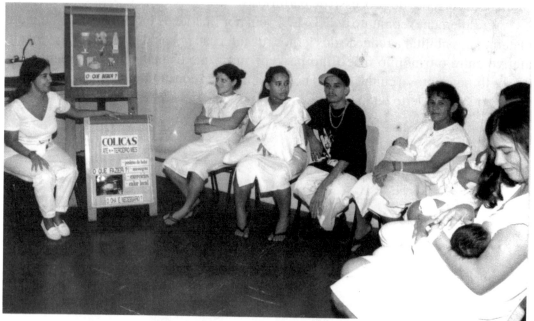

No alojamento conjunto a execução dos cuidados inicia-se com a participação ativa da equipe de enfermagem, sendo os pais incentivados e orientados a realizar os cuidados ao RN sob a supervisão da equipe de enfermagem.

A CONSULTA DE ENFERMAGEM PÓS ALTA HOSPITALAR

A alta hospitalar ocorre por volta do terceiro dia pós-parto, quando o binômio mãe-filho é agendado para a consulta de enfermagem. Essa consulta está institucionalizada desde 1982 e é realizada no ambulatório do HU-USP, em consultório próprio, pelas enfermeiras do alojamento conjunto, as quais assistiram o trinômio mãe-pai-filho durante a internação, proporcionando a continuidade da interação enfermeira/puérpera/família.

CAMPEDELLI (1986) acrescenta que no momento dessa consulta, a enfermeira da unidade tem mais condições de detectar mudanças bruscas de comportamento do que uma enfermeira que nunca teve contato com aquela mãe.

A consulta inicia-se com uma entrevista com os pais, onde se tem a oportunidade de ajudá-los no ajuste ao novo papel, esclarecendo suas dúvidas e procurando minimizar a ansiedade presente nessa fase. Essa consulta ocorre de maneira sistematizada, procedendo-se a entrevista e o exame físico da mãe e do RN, tomando-se as condutas pertinentes.

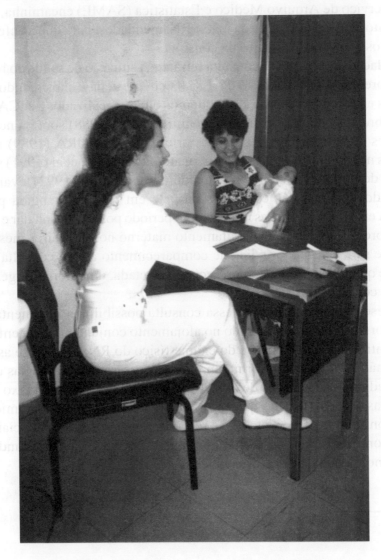

Os objetivos da consulta de enfermagem nesse período são:

- detectar e solucionar precocemente as alterações que possam ocorrer no domicílio e que possam interferir no desenvolvimento do RN;
- verificar a manutenção ou não do aleitamento materno;
- detectar possíveis casos de infecção hospitalar ou comunitária;
- avaliar o grau de compreensão das orientações ministradas no alojamento conjunto, reforçando-as quando necessário ou negociando sua incorporação ao cotidiano da mãe;
- verificar o resultado dos exames colhidos para detecção de fenilcetonúria e de hipotireoidismo congênito;
- enfatizar a necessidade de matrícula do RN na UBS para o início da puericultura.

O Serviço de Arquivo Médico e Estatística (SAME) encaminha, diariamente, ao ambulatório, os prontuários da mãe e RN agendados, para que a enfermeira possa consultá-los e realizar o registro da consulta.

Os dados obtidos nessa consulta retratam a situação de saúde do binômio mãe-filho, favorecendo a reavaliação da assistência prestada e subsidiando a realização de estudos e pesquisas. Dentre eles podemos citar os realizados por CAMPEDELLI (1986) sobre as condutas de enfermagem, RIESCO (1988) sobre a necessidade de orientações de enfermagem à puérpera primípara, KIMURA (1989) identificando problemas no sistema tegumentar do neonato, BARBIERI et al (1991) sobre o plano educativo desenvolvido no alojamento conjunto, PRAÇA (1993) levantando determinantes domiciliares das condições da pele em região abrangida pelas fraldas, GUALDA et al (1995) sobre as infecções no período pós alta hospitalar e MELLEIRO (1997) sobre a manutenção do aleitamento materno nos primeiros meses de vida.

Cabe salientar que o índice de comparecimento a essa consulta é superior a 80% e que quando alguma intercorrência é detectada, um retorno é agendado, o que ocorre em cerca de 20% dos casos.

Acrescentamos, ainda, que essa consulta possibilita a realimentação do programa de orientações desenvolvido no alojamento conjunto, onde a enfermeira, por meio da entrevista com os pais e do exame físico do RN, verifica se as orientações foram ou não assimiladas, reformulando, se necessário, as estratégias utilizadas.

Acreditamos que ações de alta eficácia e de tecnologia de baixo custo, como as utilizadas no HU-USP, no que se refere ao atendimento ao trinômio mãe-filho-pai, têm contribuído para a detecção e resolução de problemas potenciais e reais que ocorrem com freqüência no período perinatal e neonatal, minimizando, assim, os riscos de morbidade materna e neonatal.

REFERÊNCIAS BIBLIOGRÁFICAS

BARBIERI, D.L. *Estudo das intercorrências apresentadas pelo binômio mãe-filho, nas primeiras seis horas após o parto normal, como indicadores negativos ou positivos para o sistema alojamento conjunto*. São Paulo, 1993. 194 p. Tese (doutorado) - Escola de Enfermagem da Universidade de São Paulo.

BARBIERI, D.L.; IABIKU, C.; MELLEIRO, M.M. Consulta de Enfermagem: avaliação do plano educativo desenvolvido no Alojamento Conjunto no HU-USP. *Rev. Med. HU-USP*. v.1, n.1, p.40-6, 1991.

CAMPEDELLI, M.C. *Consulta de enfermagem ao binômio mãe-filho: análise das condutas de enfermagem*. São Paulo, 1986. 83p. Tese (doutorado) - Escola de Enfermagem da Universidade de São Paulo.

CONSIDERAÇÕES gerais sobre o sistema de assistência de enfermagem. São Paulo, Hospital Universitário da USP, Departamento de Enfermagem, 1989, 67p.

GUALDA, D.M.R.; MELLEIRO, M.M.; SOARES, A.V.N.; BÁLSAMO, A.C. Consulta de enfermagem: um instrumento na detecção de infecção após alta no binômio mãe-filho. *Âmbito Hosp.*, v.8, n.86, p. 41-50, 1996.

HORTA, W.A. O processo de enfermagem. São Paulo, EPU/EDUSP, 1979.

KIMURA, A.F. *Problemas identificados no sistema tegumentar do recém-nascido por ocasião do primeiro retorno ao ambulatório após a alta hospitalar*. São Paulo, 1989, 55p. (Relatório de pesquisa) - Escola de Enfermagem da Universidade de São Paulo.

LEPLEY, C.J. *Determinación del riesgo del neonato*: evolución durante el periodo de transición. Washington, Organización Panamericana de la Salud, 1982, 24p. (serie 1 - Las primeiras seis horas de vida, Módula 4, parte A).

MELLEIRO, M.M. SÁ, M.B.S.R.; COSTA, M.T.Z. Seguimento de um grupo de mães que utilizaram o sistema alojamento conjunto (SAC): manutenção do aleitamento materno. *Pediatria (São Paulo)* v.19, n.1, p.81-6, 1997.

PRAÇA, N.S. *Determinantes das condições da pele em região abrangida pela fralda de recém-nascidos que utilizaram o sistema alojamento conjunto*. São Paulo, 1993. 83p. Dissertação (mestrado) - Escola de Enfermagem da Universidade de São Paulo.

RIESCO, M.L.G. *O cuidado do binômio mãe-filho após a alta hospitalar*: necessidade de orientação de enfermagem à puérpera primípara. São Paulo, 1988. 83p. (Relatório de pesquisa) - Escola de Enfermagem da Universidade de São Paulo.

SILVA, S.H.; TAKITO, C.; BARBIERI, D.L. Implantação e desenvolvimento do processo de enfermagem no hospital-escola. *Rev. Esc. Enf. USP,* v. 24, n.1, p.93-9, 1990.

QUADRO I – PRIMEIRA FASE DO SISTEMA DE ASSISTÊNCIA DE ENFERMAGEM DO HU-USP

HISTÓRICO DE ENFERMAGEM

É um guia sistematizado para levantamento de dados, realizado pelo enfermeiro com o objetivo de se conhecer os problemas de enfermagem apresentados por um paciente para que a assistência seja direcionada ao atendimento adequado de suas necessidades, prevê o favorecimento de uma interação enfermeiro-paciente para que sob o ponto de vista do profissional, o mesmo conheça o paciente sob seus cuidados de forma a atendê-lo em sua especificidade e globalidade e para que o paciente visualize seu atendimento num prisma que contemple sua individualidade como ser humano.

É composto de duas fases: entrevista e exame físico de enfermagem.

A **entrevista** (ANEXO I) abrange um conjunto de questões que possibilita o conhecimento dos hábitos do paciente relacionados às necessidades biopsicos-socioespirituais, assim como as alterações provocadas pela doença nas manifestações e/ou satisfação destas necessidades.

O **exame físico** (ANEXO II) prevê análise minuciosa dos segmentos corporais.

A entrevista e o exame físico têm por finalidade detectar o conjunto de problemas de enfermagem, permitindo o conhecimento da problemática de enfermagem do paciente, visando planejamento, implementação e avaliação da assistência. O registro desse levantamento é realizado no impresso **Listagem de Problemas** (ANEXO III).

ORIENTAÇÕES E NORMAS

- Deve ser aplicado no momento da internação e durante o tratamento, sempre que as condições físicas e emocionais do paciente permitirem;
- O histórico é único para todas as unidades, existindo questões complementares da entrevista para a área de obstetrícia, com o objetivo de atender às especificidades destas pacientes. Para a unidade de berçário, considerando as características do RN, o histórico contém somente a fase de exame físico;
- Nas situações de reinternação do paciente com período inferior a 30 dias, o enfermeiro deverá retomar a entrevista a partir dos problemas registrados na listagem de problemas da internação anterior, procedendo sempre uma nova listagem de problemas;
- A listagem de problemas deve ser retomada diariamente no momento da evolução e prescrição de enfermagem; os problemas listados devem ser analisados, priorizados de forma que favoreça a abordagem de sua totalidade, considerando as condições do paciente e estimativa de tempo de permanência no hospital;
- Todo problema quando detectado, deve ter sua data anotada, assim como devem ser datadas a primeira abordagem do problema e sua resolução;
- As datas são importantes, na medida que favorecem o controle da assistência prestada, assim como um planejamento que contemple o atendimento da totalidade de problemas apresentados pelo paciente. Essa análise deve ser diária, tendo seu fechamento por ocasião do planejamento da alta;
- Após listar os problemas de enfermagem, o enfermeiro deverá na linha imediatamente abaixo, assinar e colocar o número do COREN.

QUADRO II – SEGUNDA FASE DO SISTEMA DE ASSISTÊNCIA DE ENFERMAGEM DO HU-USP

EVOLUÇÃO DE ENFERMAGEM

É o registro diário feito pelo enfermeiro após a avaliação do estado geral do paciente, tendo por objetivos retratar as condições gerais do paciente, nortear o planejamento da assistência a ser prestada e informar o resultado das condutas de enfermagem implementadas.

ORIENTAÇÕES E NORMAS

- A **Evolução de Enfermagem** (ANEXO IV) é realizada em impresso próprio, precedida de data e horário e finalizada com assinatura e COREn do enfermeiro;
- A primeira evolução ou **evolução de entrada** deve retratar as condições gerais do paciente visualizada durante a aplicação do histórico de enfermagem e os problemas prioritários a serem abordados na primeira prescrição;
- Para elaborar a **evolução de enfermagem diária,** o enfermeiro deve consultar a evolução e prescrição médica e de enfermagem anteriores, anotações de enfermagem, pedidos e resultados de exames complementares e, ainda, realizar o exame físico;
- Toda evolução deve conter: problemas novos identificados a partir do exame físico e entrevista realizados no dia, resposta do paciente aos cuidados de enfermagem prestados e resolução dos problemas abordados;
- Nas situações de transferências de pacientes entre unidades do hospital, deve ser realizado uma evolução que contenha as condições físicas e emocionais do paciente no momento de sua saída da unidade de origem, cabendo à unidade que recebe o paciente, após avaliação do mesmo, validar as informações da última avaliação, acrescentando somente os dados que tiverem sofrido modificações e o valor dos parâmetros mensurados no recebimento do paciente;
- A **evolução de alta** deve documentar a avaliação das condições físicas e emocionais apresentadas pelo paciente ao deixar o hospital. Deve conter também o resumo das orientações ministradas ao paciente por ocasião da alta direcionadas para o autocuidado no domicílio, a serem retomadas na consulta de enfermagem.

QUADRO III – TERCEIRA FASE DO SISTEMA DE ASSISTÊNCIA DE ENFERMAGEM DO HU-USP

PRESCRIÇÃO DE ENFERMAGEM

É o conjunto de condutas decididas pelo enfermeiro que direcionam e coordenam a assistência de enfermagem ao paciente de forma individualizada e contínua.

ORIENTAÇÕES E NORMAS

- A **Prescrição de Enfermagem** (ANEXO V) é realizada em impresso próprio, precedida de data e horário e finalizada com assinatura e COREn do enfermeiro;
- A prescrição de enfermagem deve ter como subsídio a evolução;
- A prescrição é feita diariamente para todos os pacientes, devendo ser retomada na presença de intercorrências;
- A prescrição de enfermagem tem validade máxima de 24 horas, sendo alterada sempre que necessário, as quais devem ser precedidas de uma evolução de enfermagem pertinente à alteração.
- A prescrição de enfermagem deve abranger:
- Controles: compreendendo diurese, peso, medidas diversas, mensuração de secreções, drenos, sondas e outros.
- Alimentação: problemas relativos à administração e aceitação da dieta.
- Higiene: cuidados especiais na higienização.
- Sinais e Sintomas: observação dos possíveis sinais e sintomas relativos ou não à patologia inicial, bem como alterações relacionadas ao comportamento e adaptação.
- Tratamentos: cuidados especiais com curativos, sondas, preparo para exames e terapêuticas especiais.
- Orientações relacionadas à exames e tratamentos, bem como à educação para a saúde.
- Assistência às necessidades psicossociais e psicoespirituais.
- Encaminhamento a outros profissionais da área da saúde.
- A orientação é de caráter predominante do enfermeiro, cabendo a ele, no entanto, descrever a orientação a ser ministrada, reforçada e supervisionada pelo funcionário quando da prestação de cuidados;
- A prescrição deverá deixar claro o grau de dependência do paciente, determinado em termos de fazer, ajudar, orientar, supervisionar ou encaminhar, em cada item;
- Por visar uma ação, a conduta prescrita deve ter a frase iniciada por um verbo no infinitivo;
- A prescrição de enfermagem é operacionalizada pelas diferentes categorias funcionais (Enfermeiro, Técnico, Auxiliar) da equipe de enfermagem e o cuidado prestado é checado e rubricado por quem o executou e quando deixar de ser executado, deverá ser circulado e justificado no impresso Anotação de Enfermagem;
- Nas situações em que uma conduta tiver que ser suspensa, o enfermeiro deverá colocar um traço na coluna de horário correspondente ou circular os horários subseqüentes. A suspensão ou alteração de uma conduta prescrita deve ter uma justificativa na evolução de enfermagem correspondente;
- Os pacientes críticos e semicríticos terão evolução e prescrição de enfermagem realizadas em impresso específico. (ANEXO VI)

QUADRO IV – REGISTRO DA ASSISTÊNCIA DE ENFERMAGEM DO HU-USP

ANOTAÇÃO DE ENFERMAGEM

É a comunicação da assistência de enfermagem prestada ao paciente, determinada em prescrição ou estabelecida em normas e rotinas da unidade, assim como da observação dos sinais e sintomas detectados e de outras informações sobre o paciente.

Para propiciar o entendimento de todos os que as utilizam, as anotações devem ser descritivas, claras, objetivas e livres de julgamento, sendo consideradas como anotação de enfermagem: os registros descritivos, as anotações em gráficos, os sinais gráficos nos horários da prescrição

ORIENTAÇÕES E NORMAS

- Toda **Anotação de Enfermagem** (ANEXO VII) deve ser precedida de horário, colocando-se a data na primeira anotação do dia;
- A anotação é feita pelo funcionário que presta a assistência de enfermagem logo após o cuidado, a observação ou informação recebida;
- Todo paciente possui, no mínimo, uma anotação descritiva por plantão;
- Toda anotação descritiva de enfermagem apresenta o horário da anotação e rubrica do funcionário e a sigla da função;
- Todo cuidado ou procedimento não prescrito, ou seja, de rotina da unidade, deve ser anotado.

ANEXO I

HISTÓRICO DE ENFERMAGEM
(Entrevista)

Roteiro de Entrevista

01. Diagnóstico:
02. Data de admissão:
03. Escolaridade:
04. Ocupação:
05. Religião:
06. Tem alguma doença?   07. Qual?   08. Faz tratamento?
09. Tem orientação sobre a doença?
10. Faz uso de alguma medicação?   11. Qual?   12. Quem receitou?
13. Já esteve internado?   14. Quantas vezes?   15. Motivo:
16. Fez alguma operação?   17. Qual?
18. Recebeu transfusão de sangue?   19. Quando?
20. É alérgico a algum alimento, remédio ou objeto?   21. Qual?
22. Apresenta algum problema para urinar?   23. Qual?
24. Apresenta algum problema ao evacuar?   25. Qual?   Com que freqüência:
26. Toma banho?   27. Lava cabeça?   28. Escova os dentes?
29. Costuma fazer exercício físico?   30. Qual?
31. Apresenta algum problema para dormir?   32. Qual?
33. Mantém relação sexual?   34. Nº de parceiros nos últimos 5 anos:
35. Fuma?   36. Quantidade: 37. Quanto tempo?
38. Drogas?   39. Tempo: 40. Tipo:
41. Parceiro usa drogas?   42. Tipo: 43. Tempo:
44. Bebida alcoólica?   45. Quantidade: 46. Tempo:
47. Gostaria de receber assistência espiritual durante a internação?
48. O que gostaria de fazer para passar o tempo?
49. Já tomou algum tipo de anestesia?   50. Qual?   51. O que achou?
52. Tomou alguma vacina durante a gravidez?   53. Qual?
54. O que acha que pode comer e beber na dieta?
55. Acha que pode tomar banho na dieta?   56. Caso não, por quê?
57. Acha que pode lavar a cabeça na dieta?   58. Caso não, por quê?
59. Acha que pode fazer qualquer tipo de serviço na dieta?   60. Caso não, qual?
61. Acha que deve fazer curativo nos pontos após o parto?   62. Como fazer?
63. Após o parto, quanto tempo acha que deve esperar para ter relação sexual?
64. Como é para você/casal, o nascimento desta criança?
65. Já cuidou de bebê alguma vez?
66. Acha importante o bebê ficar com a mãe logo após o nascimento no hospital?
67. Por quê?
68. Pretende amamentar o bebê?   69. Quanto tempo?   70. Por quê?

ANEXO II

MEMENTO EXAME FÍSICO

01. Sinais Vitais
    T = normotérmico, hipotérmico, hipertérmico.
    P = rítmico, arrítmico, fraco, cheio, filiforme.
    R = eupnéico, dispnéico, apnéico, ortopnéico, tiragem, batimentos asa de nariz, taquipnéico, bradpnéico, tosse.
    PA= normotenso, hipertenso, hipotenso, relacionar com decúbito.
    Peso = "valor", perdas, ganhos.
    Altura = relação peso-altura.
02. Nível de consciência e estado mental: consciente, semiconsciente, inconsciente, orientado, desorientado, reflexos.
03. Cabeça: anomalias, protuberâncias, conformação, alterações de fontanela e suturas.
04. Cabelos e Couro Cabeludo: alopécia, sujidade, pediculose, seborréia, emaranhado, crosta, compridos, curtos, ressequido, quebradiço.
05. Orelhas e Ouvidos: acuidade auditiva, sujidade, secreção, lesões, deformidade, dor.
06. Olhos e Pálpebras: acuidade visual, secreção, alterações da conjuntiva, edema palpebral, deformidade, avaliação pupilar, ptose palpebral, uso de próteses.
07. Nariz: olfato, secreção, sujidade, deformidade, obstrução.
08. Boca e Mucosa: edema, paralisia, língua saburrosa, sangramento, ulceração, sujidade, deformidade, coloração mucosa, sialorréia, ressecamento, hiperemia, dor, dificuldade para sugar, dificuldade para mastigar e deglutir.
    Dentição: sujidade, prótese, deformidade, cáries, íntegros, ausência de dentes, dor.
    Hálito: fétido, alcoólico, cetônico, amoniacal, normal.
    Fala: disfasia, deslalia.
09. Pescoço e Garganta: nódulos, secreção, disfagia, hiperemia e fissuras.
10. MMSS e MMII: Musculatura: eutrófica, hipotrófica, hipertrófica, edema, plegias, deformidades, temperatura, dor, dormência, tremores, atrofia
    Unha: sujidade, quebradiça, abaulada, deformada, compridas, curtas.
    Rede Venosa: visível, palpável, varicosidade, dor, processo inflamatório, esclerose.
11. Tórax Anterior e Posterior: dor, simetria, expansibilidade, protuberâncias e deformidades.
12. Mamas e Axilas: flácidas, túrgidas, ingurgitadas, simetria, nódulos, deformidades, próteses, dor, musculatura, gânglios.
    Mamilos: salientes, planos, umbilicados, fissuras, secreções.
13. Abdômen: plano, flácido, distendido, globoso, pendular, escavado, dor, protuberância, umbigo (secreção e sujidade), ascite, coto umbilical (mumificado, secreção, hiperemia).
14. Região Sacra e Glútea: musculatura.
15. Genitais e Região Perineal: sujidade, lesões, secreções, prolapsos, edema, hemorróidas, deformidade, parasitas, prurido.
16. Postura e Marcha: normal, alterada, não senta, senta, engatinha, marcha.
    Pele (observar em todos os seguimentos): integridade: integra, lesões
    coloração: pálida, corada, hiperemiada, cianótica, ictérica, mancha
    turgor: pastoso ou não, semipastoso, elástico
    prurido, sujidade, sensibilidade

hospital universitário
universidade de são paulo

ANEXO III

Histórico de Enfermagem - Listagem de Problemas			
Data de Ident.	Problemas	Data de Abordag.	Data de Resolução

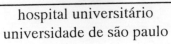

hospital universitário
universidade de são paulo

ANEXO IV

Evolução de Enfermagem

hospital universitário
universidade de são paulo

ANEXO V

Prescrição de enfermagem / Data / Horário				

hospital universitário
universidade de são paulo

Nome:
Data:
Nº Atend.:
Idade:
Sexo:

ANEXO VI
UTI e semi-intensiva pediátrica

	CONTROLE HÍDRICO				CUIDADOS ESPECIAIS	
Hora	Sinais Vitais	Liq. Ingeridos	Liq. Infundidos	Liq. Eliminados	Ventilação mecânica	Aspiração
	T FC FR PA PVC	Tipo VO SNG R.G.	Soro NPP MED	Diurese SNG Vômito Dreno Fezes P.E. Dieglise	FIO2 PINSP PEEP FR SatO2	Cânula VAS
07						
08						
09						
10						
11						
12						
Total						

Balanço parcial: Assinatura:

13						
14						
15						
16						
17						
18						
19						
Total						

Balanço parcial: Assinatura:

20						
21						
22						
23						
24						
01						
02						
03						
04						
05						
06						
Total						

Balanço parcial: Assinatura:
Balanço total: Assinatura:

Intubação	Circuito:	Flebotomia:	SNG:	Oxitenda:
Cânula:		Intracath:	Drenos:	Capuz:
Fix. Cân.:			S. Vesical:	Incubadora:

| Peso de admissão: | Peso anterior | Peso atual | M | T | N |

hospital universitário
universidade de são paulo

ANEXO VII

Data	Anotações de enfermagem

Elaborando e desenvolvendo padrões e critérios de qualidade na assistência perinatal

Lúcia Cristina Florentino
Alda Valéria Neves Soares
Telma Moreira Souza
Eliete Genovez Spir
Sandra Andreoni
Ana Cristina Bálsamo

Sistematizar e individualizar as atividades cuidativas são fatores indispensáveis para assegurar ao enfermeiro condições suficientes para a determinação de padrões de qualidade, visando à coordenação da assistência de enfermagem.

A qualidade é um conceito passível de opiniões divergentes, CASTELAR et al (1995) a define como um conjunto de características relativas a um determinado produto ou serviço, ou mesmo relativas a um indivíduo ou a um grupo de indivíduos; CONSTANZO e VERTINSKY (1975) a caracterizam como um padrão ou nível a ser alcançado.

SILVA (1994) considera que qualidade em enfermagem caracteriza-se por um conjunto de ações desenvolvidas pelo profissional, com conhecimento, habilidade, humanidade e competência, objetivando o atendimento das necessidades e expectativas de cada paciente. Sua operacionalização exige a adoção de uma metodologia que favoreça o conhecimento das mesmas de forma individualizada.

As unidades de centro obstétrico, berçário, alojamento conjunto e UTI neonatal da Divisão de Enfermagem Materno-Infantil do HU-USP, estabeleceram padrões e critérios assistenciais objetivando assegurar a qualidade da assistência prestada. Esses padrões e critérios foram revistos em 1995, visando à elaboração de um instrumento que facilitasse a visualização da assistência a ser prestada como um todo, a forma de supervisão dessas ações pela própria equipe de enfermagem das unidades e de mensuração da qualidade da assistência pelos membros do GEPA.

A American Nurses Association (1981) considera padrão como uma afirmação enunciada e promulgada por profissionais e pela qual a qualidade da prática pode ser julgada. Os critérios originados da explicitação dos padrões atuam como indicadores da qualidade da assistência e base para mensuração da qualidade.

Segundo CIANCIARULLO (1997) "padrão é a explicitação de um nível de assistência determinado, considerado adequado e passível de ser alcançado no contexto da assistência como um todo. Enquanto que os critérios são as variáveis selecionadas como indicadores relevantes da qualidade da assistência de enfermagem".

Estabelecer os padrões e critérios de assistência de enfermagem, implica o conhecimento prévio do perfil da clientela, visando ao atendimento voltado para as necessidades da comunidade que utiliza este serviço.

Salientamos, ainda, que padronizar não significa massificar a assistência a ser prestada, mas sim direcioná-la de acordo com a singularidade de cada indivíduo.

A elaboração desses padrões e critérios foi fundamentada na Teoria das Necessidades Humanas Básicas HORTA (1979), categorizados de acordo com as necessidades afetadas e terapêutica indicada.

Corroboramos com o conceito de DONABEDIAN (1982) quando refere que "a explicitação dos critérios facilita a análise do processo assistencial, uma vez que, a utilização desses padrões e critérios vêm facilitando a avaliação do processo e gerando indicadores de qualidade.

A padronização é um instrumento que possibilita assegurar a qualidade, direcionar a supervisão, identificando áreas vulneráveis da assistência de enfermagem, bem como nortear reciclagens e cursos para aprimoramento profissional, permitindo o cuidar com qualidade".

Os critérios resultantes do processo de análise dos procedimentos e cuidados da assistência prestada ao binômio mãe-filho, foram classificados de acordo com as características específicas de cada unidade.

Os quadros, a seguir, estabelecem na primeira parte, a categorização das necessidades humanas básicas e na segunda parte, a descrição propriamente dita dos padrões e critérios.

PARTE I
QUADRO I – ORDENAÇÃO DAS NECESSIDADES HUMANAS BÁSICAS E PROCEDIMENTOS/CUIDADOS DA SEÇÃO DE CENTRO OBSTÉTRICO – HU-USP

PARTURIENTE	
NECESSIDADES HUMANAS BÁSICAS	**PROCEDIMENTOS/CUIDADOS**
AMBIENTE	Privacidade
COMUNICAÇÃO E PARTICIPAÇÃO	Interação social e orientação
SEGURANÇA	Identificação Transporte Coleta de exames laboratoriais
REGULAÇÃO TÉRMICA	Temperatura corporal
REGULAÇÃO VASCULAR	Pressão arterial e Freqüência Cardíaca Batimentos Cárdio-Fetais (BCF)
REGULAÇÃO CRESCIMENTO	Peso e altura
OXIGENAÇÃO	Oximetria digital Cateter de O_2 Ventilação mecânica
ELIMINAÇÃO	Lavagem intestinal Vesical Tampão mucoso e líquido amniótico Sangramento vaginal
CUIDADO CORPORAL	Tricotomia perineal parcial Banho de aspersão
MECÂNICA CORPORAL	Posição Dinâmica uterina (DU) Dilatação cervical Involução uterina
INTEGRIDADE FÍSICA	Punção venosa
TERAPÊUTICA	Administração de soro Administração de medicamentos por via intramuscular ou endovenosa Administração de sangue e/ou derivados Anti-sepsia das mãos e antebraços do profissional Anti-sepsia da região perineal e terço médio da coxa Bloqueio de nervo pudendo Episiotomia Desprendimento do polo cefálico Desprendimento do polo córmico Dequitação Episiorrafia Incisão cirúrgica Período de Greenberg (4º período) Avaliação das condições clínicas e obstétricas da puérpera "Blood Patch" - assistência à cefaléia pós-raquianestesia

QUADRO II – ORDENAÇÃO DAS NECESSIDADES HUMANAS BÁSICAS E PROCEDIMENTOS/CUIDADOS DA SEÇÃO DE CENTRO OBSTÉTRICO – HU-USP

RECÉM-NASCIDO (RN)	
NECESSIDADES HUMANAS BÁSICAS	**PROCEDIMENTOS/CUIDADOS**
PARTICIPAÇÃO	Interação mãe-filho
SEGURANÇA	Identificação
	Transporte
	Coleta de exames laboratoriais/ anátomo patológico
	Hora do nascimento
REGULAÇÃO CRESCIMENTO	Boletim de Apgar
	Peso
	Capurro somático e neurológico
REGULAÇÃO TÉRMICA	Temperatura corporal
OXIGENAÇÃO	Oxigenação com máscara aberta
	Oxigenação com ressuscitador manual
INTEGRIDADE CUTÂNEO-MUCOSA	Laqueadura do cordão umbilical
TERAPÊUTICA	Aspiração
	Intubação
	Cateterismo umbilical
	Administração de medicamentos endovenosos
	Instilação ocular
ELIMINAÇÃO	Vésico-intestinal
RELIGIOSA	Ritual/Batismo

O centro obstétrico é uma unidade onde a parturiente e RN permanecem por um curto período, exigindo dos profissionais domínio técnico científico durante a evolução do trabalho de parto, parto e estabilização do RN. A sincronia de ações entre as diferentes categorias profissionais, deve resultar em um processo harmônico de atendimento à parturiente e ao RN.

A humanização da assistência permeia todo atendimento prestado, destacando-se a comunicação e a participação, quando os profissionais interagindo individualmente com a parturiente propiciam que o trabalho de parto e parto ocorram de maneira segura e fisiológica, diminuindo o número de intervenções e conseqüentemente o estresse materno.

QUADRO III – ORDENAÇÃO DAS NECESSIDADES HUMANAS BÁSICAS E PROCEDIMENTOS/CUIDADOS DA SEÇÃO DE ALOJAMENTO CONJUNTO – HU-USP

GESTANTE E PUÉRPERA	
NECESSIDADES HUMANAS BÁSICAS	**PROCEDIMENTOS/CUIDADOS**
AMBIENTE	Privacidade e prevenção
COMUNICAÇÃO E PARTICIPAÇÃO	Interação social e orientação
SEGURANÇA	Identificação Transporte
REGULAÇÃO TÉRMICA	Temperatura corporal
REGULAÇÃO VASCULAR	Pressão arterial e Freqüência cardíaca Batimentos Cárdio-Fetais (BCF)
REGULAÇÃO CRESCIMENTO	Peso
OXIGENAÇÃO	Freqüência respiratória (FR)
ELIMINAÇÃO	Vesical Intestinal Perda vaginal
MECÂNICA CORPORAL	Dinâmica Uterina (DU) Toque vaginal
CUIDADO CORPORAL	Banho de aspersão Higiene íntima
NUTRIÇÃO	Ingesta alimentar
HIDRATAÇÃO	Ingesta hídrica
INTEGRIDADE CUTÂNEO-MUCOSA	Traumas mamilares
INTEGRIDADE FÍSICA	Incisão cirúrgica Episiorrafia Ingurgitamento mamário Punção venosa
TERAPÊUTICA	Administração de soro Administração de medicamentos por via intramuscular ou endovenosa Administração de sangue e/ou derivados
PERCEPÇÃO DOLOROSA	Dor na episiorrafia e incisão cirúrgica Cefaléia pós-raquianestesia
SONO E REPOUSO	Promoção do sono e repouso
RELIGIÃO	Assistência espiritual
APRENDIZAGEM	Orientação

QUADRO IV – ORDENAÇÃO DAS NECESSIDADES HUMANAS BÁSICAS E PROCEDIMENTOS/CUIDADOS DA SEÇÃO DE ALOJAMENTO CONJUNTO – HU-USP

RECÉM-NASCIDO (RN)	
NECESSIDADES HUMANAS BÁSICAS	**PROCEDIMENTOS/CUIDADOS**
SEGURANÇA	Identificação
	Transporte
	Teste de fenilcetonúria (PKU)
	e hipotireoidismo congênito (T4 neonatal)
REGULAÇÃO TÉRMICA	Temperatura corporal
REGULAÇÃO CRESCIMENTO	Peso
ELIMINAÇÃO	Vésico-intestinal
	Vômito
CUIDADO CORPORAL	Banho
	Higiene ocular
	Higiene perineal
	Unhas
NUTRIÇÃO	Aleitamento materno
	Aleitamento misto
INTEGRIDADE CUTÂNEO-MUCOSA	Curativo do coto umbilical
	Clampe de cordão umbilical
	Fissura em região corporal
	Dermatite de fralda (assadura)
MECÂNICA CORPORAL	Sucção e deglutição
PERCEPÇÃO DOLOROSA	Dor
OXIGENAÇÃO	Observação
TERAPÊUTICA	Fototerapia
SONO E REPOUSO	Promoção do sono e repouso

No alojamento conjunto, a educação para a saúde constitui a maioria das ações, possibilitando que a puérpera obtenha conhecimentos e habilidades para realização do seu autocuidado e do RN, visando diminuir a ansiedade no desempenho do papel de mãe e tornar-se um agente multiplicador na promoção da saúde.

O enfermeiro é responsável pela orientação e supervisão da assistência prestada pela equipe ao binômio e pelos cuidados prestados ao RN pelos pais.

QUADRO V – ORDENAÇÃO DAS NECESSIDADES HUMANAS BÁSICAS E PROCEDIMENTOS/CUIDADOS DA SEÇÃO DE BERÇÁRIO – HU-USP

RECÉM-NASCIDO	
NECESSIDADES HUMANAS BÁSICAS	**PROCEDIMENTOS/CUIDADOS**
COMUNICAÇÃO	Interação social
SEGURANÇA	Identificação Transporte Teste de fenilcetonúria (PKU) e hipotireoidismo congênito (T4 neonatal)
REGULAÇÃO TÉRMICA	Temperatura corporal
REGULAÇÃO VASCULAR	Freqüência cardíaca (FC) Monitorização
REGULAÇÃO CRESCIMENTO	Peso
OXIGENAÇÃO	Freqüência respiratória (FR) Monitorização O_2 na incubadora Capuz Estimulação respiratória através de pressão positiva (luva oscilante) Oximetria de pulso Oximetria de ambiente
ELIMINAÇÃO	Vésico-intestinal Vômito
CUIDADO CORPORAL	Banho Higiene oral e ocular Higiene perineal Unhas
NUTRIÇÃO	Aleitamento materno, misto ou artificial SG 5% por via oral
HIDRATAÇÃO	Água por via oral Água por sonda orogástrica
MECÂNICA CORPORAL	Sucção e deglutição Sucção não nutritiva
INTEGRIDADE CUTÂNEO-MUCOSA	Curativo do coto umbilical Clampe de cordão umbilical Curativo da cicatriz umbilical Fissura em região corporal Dermatite de fralda (assadura)
INTEGRIDADE FÍSICA	Curativo do local da inserção do cateter central (flebotomia), cateter percutâneo e cateter umbilical Punção venosa
TERAPÊUTICA	Administração de soro / Nutrição Parenteral Prolongada (NPP) Administração de sangue e/ou derivados Administração de medicamentos RN em jejum com sonda para esvaziamento gástrico Dispositivo para infusão venosa heparinizado Fototerapia Teste de glicose no sangue Teste de glicose na urina e densidade urinária
PERCEPÇÃO DOLOROSA	Dor
CONFORTO	Posicionamento dos segmentos corpóreos
SONO E REPOUSO	Promoção do sono e repouso
RELIGIOSA	Ritual/Batismo

QUADRO VI – ORDENAÇÃO DAS NECESSIDADES HUMANAS BÁSICAS E PROCEDIMENTOS/CUIDADOS DA UTI NEONATAL – HU-USP

RECÉM-NASCIDO	
NECESSIDADES HUMANAS BÁSICAS	**PROCEDIMENTOS/CUIDADOS**
COMUNICAÇÃO	Interação social
SEGURANÇA	Identificação Transporte
REGULAÇÃO TÉRMICA	Temperatura corporal
REGULAÇÃO VASCULAR	Freqüência cardíaca (FC) Monitorização Pressão arterial (PA) Pressão venosa central (PVC)
REGULAÇÃO CRESCIMENTO	Peso
OXIGENAÇÃO	Freqüência respiratória (FR) Monitorização O_2 na incubadora Capuz Pressão positiva contínua das vias aéreas (CPAP) Ventilação mecânica Estimulação respiratória através de pressão positiva (luva oscilante) Oximetria de pulso Oximetria de ambiente
ELIMINAÇÃO	Vésico-intestinal Vômito
CUIDADO CORPORAL	Banho Higiene oral e ocular Higiene perineal Unhas
NUTRIÇÃO	Aleitamento materno, misto ou artificial
HIDRATAÇÃO	Água por sonda orogástrica
INTEGRIDADE CUTÂNEO-MUCOSA	Curativo do coto umbilical Clampe de cordão umbilical Curativo da cicatriz umbilical Fissura em região corporal Dermatite de fralda (assadura)
INTEGRIDADE FÍSICA	Curativo do local da inserção do cateter central (flebotomia), cateter percutâneo e cateter umbilical Punção venosa
TERAPÊUTICA	Administração de soro/Nutrição Parenteral Prolongada (NPP) Administração de sangue e/ou derivados Administração de medicamentos RN em jejum com sonda para esvaziamento gástrico Dispositivo para infusão venosa heparinizado Teste de glicose/cetona, densidade urinária Fototerapia Exsangüíneo-transfusão Diálise peritonial
PERCEPÇÃO DOLOROSA	Dor
SONO E REPOUSO	Promoção do sono e repouso
CONFORTO	Posicionamento dos segmentos corpóreos
RELIGIOSA	Ritual/Batismo

O berçário e a UTI neonatal são unidades que têm por objetivo prestar assistência ao RN em condições críticas, semicríticas e de baixo risco, por meio da observação rigorosa e na execução de terapêutica prescrita.

Os profissionais que atuam nesta área têm a preocupação de seguir rigorosamente os princípios técnico-científicos, na maioria das vezes constituídos por ações intervencionistas, sem perder de vista a individualização e humanização.

A estimulação essencial e a segurança permeiam toda a assistência prestada pela equipe de enfermagem. Os pais são incentivados e orientados a cuidar de seus filhos, possibilitando o estabelecimento precoce do vínculo afetivo.

PARTE II

DEPARTAMENTO DE ENFERMAGEM - HU-USP
UNIDADE DE CENTRO OBSTÉTRICO
PADRÕES E CRITÉRIOS DE ASSISTÊNCIA À PARTURIENTE

NECESSIDADES HUMANAS BÁSICAS	PROCEDIMENTOS E CUIDADOS	DESCRIÇÃO SUMÁRIA DO PROCEDIMENTO	CRITÉRIOS
AMBIENTE	Privacidade	Garantir privacidade durante todo atendimento à parturiente.	Supervisão e/ou Auditoria Operacional.
COMUNICAÇÃO E PARTICIPAÇÃO	Interação social e orientação	Identificar-se junto a gestante/parturiente, informando o nome e categoria profissional, por ocasião do primeiro contato.	Itens passíveis de Supervisão e/ou Auditoria Operacional.
		Identificar-se junto aos familiares, mantendo-os orientados sobre o trabalho de parto, parto e condições de nascimento do RN.	
		Levantar, no Pronto Atendimento de Obstetrícia, informações referentes às gestações anteriores e à atual, por meio de entrevista e exame físico.	
		Realizar o exame obstétrico, avaliando: – dinâmica uterina – batimentos cárdio-fetais – dilatação cervical – apresentação fetal – bacia obstétrica – membrana amniótica – características do líquido amniótico – idade gestacional – patologias	
		Se gestante, fora de trabalho de parto, orientar sobre sinais e sintomas do início do trabalho de parto: – eliminação do tampão mucoso – contrações uterinas – rotura da membrana amniótica – dilatação cervical	
		Orientar a parturiente sobre a evolução de trabalho de parto, rotura de membrana amniótica e procedimentos realizados durante todo o período de permanência na unidade.	Tem registro no impresso Evolução de Enfermagem Supervisão e/ou Auditoria Operacional.
		Estimular o relacionamento com as demais parturientes.	Itens passíveis de Supervisão e/ou Auditoria Operacional.
		Favorecer a visita de familiares no pré-parto.	
		Apoiar a parturiente em situações novas e estressantes, respeitando seu conhecimento e entendimento.	
		Favorecer contato precoce da mãe com o RN, informando sobre as condições de nascimento e sexo.	

PADRÕES E CRITÉRIOS DE ASSISTÊNCIA À PARTURIENTE

NECESSIDADES HUMANAS BÁSICAS	PROCEDIMENTOS E CUIDADOS	DESCRIÇÃO SUMÁRIA DO PROCEDIMENTO	CRITÉRIOS
SEGURANÇA	Identificação	Identificar a parturiente, na admissão, com uma pulseira contendo nome completo e número de atendimento.	Supervisão e/ou Auditoria Operacional.
		Efetuar, após o parto, impressão digital do polegar direito.	Tem a impressão digital registrada no impresso Ficha do Recém-Nascido, no espaço "Identificação materna".
		Controlar a entrada de pessoas estranhas ao serviço.	Supervisão.
	Transporte	Acompanhar a parturiente deambulando, em cadeira de rodas ou maca nos encaminhamentos internos, externos ou transferências.	Tem registro no impresso Anotação de Enfermagem por ocasião da saída e do retorno.
		Encaminhar a puérpera, se em estado grave, à UTI cirúrgica, em cama com grades.	Supervisão e/ou Auditoria Operacional.
	Coleta de exames laboratoriais	Coletar amostras de sangue de todas as parturientes para os seguintes exames de rotina: Tipagem sangüínea Reação sorológica para sífilis. HIV (quando comportamento de risco)	Tem registro no impresso Anotação de Enfermagem
REGULAÇÃO TÉRMICA	Temperatura corporal	Verificar de 6/6 horas ou conforme prescrição de enfermagem.	Tem checado e rubricado no impresso Prescrição de Enfermagem e tem registro no impresso Anotação de Enfermagem.
REGULAÇÃO VASCULAR	Pressão arterial e Freqüência cardíaca	Proceder a instalação dos seguintes equipamentos, sempre que a parturiente for submetida à anestesia geral, peridural ou raquidiana: – Aparelho de pressão arterial não invasiva – Monitor cardíaco	Supervisão e/ou Auditoria Operacional.
		Verificar de 6/6 horas ou conforme prescrição de enfermagem.	Supervisão e/ou Auditoria Operacional. Tem checado e rubricado no impresso Prescrição de Enfermagem e tem registro no impresso Anotação de Enfermagem.
	Batimentos Cardio-Fetais (BCF)*	Manter, de preferência, a parturiente monitorizada continuamente com monitor cárdio-fetal.	Supervisão e/ou Auditoria Operacional.
		Verificar de 1/1 hora, antes, durante e após as contrações, com monitor cárdio-fetal, sonar ou estetoscópio de Pinard. Se BCF < 120 ou > 160 bpm, verificar de 15/15 minutos.	Tem registro no impresso Ficha Obstétrica, no espaço BCF, com registro de data, hora e assinatura do examinador e no impresso Evolução de Enfermagem, se apresentar alterações.

* Procedimento realizado pela enfermeira.

PADRÕES E CRITÉRIOS DE ASSISTÊNCIA À PARTURIENTE

NECESSIDADES HUMANAS BÁSICAS	PROCEDIMENTOS E CUIDADOS	DESCRIÇÃO SUMÁRIA DO PROCEDIMENTO	CRITÉRIOS
REGULAÇÃO CRESCIMENTO	Peso e Altura	Verificar no momento da admissão.	Tem registro no impresso Ficha Obstétrica, no espaço Peso e Altura.
OXIGENAÇÃO	Oximetria digital	Proceder a instalação do oxímetro digital, sempre que a parturiente for submetida à anestesia geral, peridural ou raquidiana.	Supervisão e/ou Auditoria Operacional.
	Cateter de O_2	Utilizar cateter de O_2 conforme prescrição médica.	Supervisão e/ou Auditoria Operacional. Tem checado e rubricado no impresso Prescrição Médica.
		Verificar a freqüência respiratória conforme prescrição de enfermagem.	Tem checado e rubricado no impresso Prescrição de Enfermagem e tem registro no impresso Anotação de Enfermagem.
	Ventilação mecânica	Controlar a freqüência respiratória e concentração de oxigênio do ventilador. Manter o material para ventilação mecânica em condições de uso nas salas de parto.	Supervisão e/ou Auditoria Operacional.
ELIMINAÇÃO	Lavagem intestinal	Realizar fleet-enema conforme prescrição de enfermagem.	Tem checado e rubricado no impresso Prescrição de Enfermagem e tem registro no impresso Anotação de Enfermagem.
	Vesical	Estimular o esvaziamento da bexiga durante o trabalho de parto. Em caso de bexigoma: Proceder sondagem vesical de alívio conforme prescrição médica ou de enfermagem.	Supervisão e/ou Auditoria operacional. Tem checado e rubricado no impresso Prescrição Médica ou Prescrição de Enfermagem.
	Tampão mucoso e Líquido amniótico	Verificar a presença e características.	Tem registro no impresso Anotação de Enfermagem e no impresso Ficha Obstétrica, no espaço Bolsa/ Líquido Amniótico.
	Sangramento vaginal	Verificar a presença e características.	Tem checado e rubricado no impresso Prescrição de Enfermagem e tem registro no impresso Anotação de Enfermagem.
CUIDADO CORPORAL	Tricotomia perineal parcial	Realizar tricotomia na região média e inferior dos grandes lábios, no parto vaginal. Realizar tricotomia na parte superior da região pubiana, no parto cesárea.	Tem registro no impresso Anotação de Enfermagem.
	Banho de aspersão	Orientar e supervisionar o banho no momento da admissão e durante o trabalho de parto.	Tem registro no impresso Anotação de Enfermagem.

PADRÕES E CRITÉRIOS DE ASSISTÊNCIA À PARTURIENTE

NECESSIDADES HUMANAS BÁSICAS	PROCEDIMENTOS E CUIDADOS	DESCRIÇÃO SUMÁRIA DO PROCEDIMENTO	CRITÉRIOS
MECÂNICA CORPORAL	Posição	Orientar quanto à importância da permanência em DLE conforme prescrição de enfermagem.	Tem checado e rubricado no impresso Prescrição de Enfermagem.
	Dinâmica Uterina* (DU)	Manter, de preferência, a parturiente monitorizada continuamente com monitor cárdio-fetal.	Supervisão e/ou Auditoria Operacional.
		Realizar a dinâmica uterina ou monitorar durante 10 minutos, avaliando a freqüência, duração e intensidade das contrações uterinas, com intervalos não superiores a 2 horas.	Tem registro no impresso Ficha Obstétrica, no espaço DU, com data, hora e assinatura do examinador.
		Se com ocitócico: Controlar gotejamento do soro, após avaliação da dinâmica uterina.	Supervisão e/ou Auditoria Operacional.
	Dilatação cervical*	Realizar o toque vaginal, avaliando as características cervicais, a apresentação fetal, a bacia obstétrica materna e a integridade das membranas amnióticas.	Tem registro no impresso Ficha Obstétrica, nos espaços Apresentação, Bolsa, Cérvico-dilatação, com registro da data, hora e assinatura do examinador.
		A partir de 8 cm de dilatação, encaminhar à sala de parto, após avaliação da paridade, rotação, descida da apresentação e dinâmica uterina.	Supervisão e/ou Auditoria Operacional.
	Involução uterina*	Verificar a contratilidade uterina, no pós-parto imediato, durante o 4º período clínico.	Tem registro no impresso Evolução de Enfermagem.
		Se hipotonia uterina: Proceder conforme prescrição médica e de enfermagem.	Tem checado e rubricado no impresso Prescrição Médica e de Enfermagem.
INTEGRIDADE FÍSICA	Punção venosa	Verificar as condições da rede venosa periférica (permeabilidade e local da punção).	Supervisão e/ou Auditoria Operacional.
		Realizar punção venosa.	Tem registro no impresso Anotação de Enfermagem.
TERAPÊUTICA	Administração de soro	Administrar conforme prescrição médica.	Tem registro no impresso Prescrição Médica do início e término da infusão.
	Administração de medicamentos por via intramuscular ou endovenosa	Administrar conforme prescrição médica.	Tem checado e rubricado no impresso Prescrição Médica.
	Administração de sangue e/ou derivados*	Realizar a conferência do nome completo, registro hospitalar, tipo sangüíneo e número da bolsa no impresso do Hemocentro, com o prontuário da paciente.	Tem checado e rubricado no impresso do Hemocentro.

* Procedimento realizado pela enfermeira.

PADRÕES E CRITÉRIOS DE ASSISTÊNCIA À PARTURIENTE

NECESSIDADES HUMANAS BÁSICAS	PROCEDIMENTOS E CUIDADOS	DESCRIÇÃO SUMÁRIA DO PROCEDIMENTO	CRITÉRIOS
TERAPÊUTICA	Administração de sangue e/ou derivados*	Verificar os sinais vitais antes da instalação, durante e após a infusão, conforme prescrição de enfermagem.	Tem checado e rubricado no impresso Prescrição de Enfermagem e tem registro no impresso Anotação de Enfermagem.
		Instalar o sangue e/ou derivados conforme prescrição médica.	Tem registro no impresso Prescrição Médica do início e término da infusão.
		Observar sinais e sintomas de reação adversa conforme prescrição de enfermagem. Observar aspecto e quantidade da urina, a cada eliminação, conforme prescrição de enfermagem.	Tem checado e rubricado no impresso Prescrição de Enfermagem e tem registro no impresso Anotação de Enfermagem.
	Anti-sepsia das mãos e antebraços do profissional*	Realizar a anti-sepsia, antes da realização do parto, com anti-séptico degermante. Paramentar-se para a realização do parto. Proceder a arrumação da mesa cirúrgica.	Itens passíveis de Supervisão e/ou Auditoria Operacional.
	Anti-sepsia da região perineal e terço médio da coxa da parturiente*	Realizar a anti-sepsia perineal com anti-séptico aquoso. Colocar campos cirúrgicos.	Itens passíveis de Supervisão e/ou Auditoria Operacional.
	Bloqueio de nervo pudendo*	Realizar bloqueio em leque, do nervo pudendo direito, com Xylocaína a 2%, sem adrenalina, na quantidade de aproximadamente 20 ml.	Tem registro no impresso Ficha Obstétrica, no espaço Anestesia. Supervisão e/ou Auditoria Operacional.
	Episiotomia*	Realizar episiotomia médio lateral direita (EMLD), após avaliação da musculatura perineal, durante a distensão perineal e no momento da contração uterina.	Tem registro no impresso Ficha Obstétrica, no espaço Episio. Supervisão e/ou Auditoria Operacional.
	Desprendimento do polo cefálico*	Proteger o períneo com compressa. Observar e proteger a polo cefálico, durante o seu desprendimento.	Itens passíveis de Supervisão e/ou Auditoria Operacional.
		Verificar a presença de circular de cordão, procedendo o afrouxamento da mesma.	
		Auxiliar o movimento de rotação externa do polo cefálico.	
	Desprendimento do polo córmico*	Utilizar o polo cefálico como alavanca para o desprendimento do acrômio superior e inferior.	Itens passíveis de Supervisão e/ou Auditoria Operacional.
		Apreender, de forma segura, o polo cefálico com uma das mãos e com a outra o polo córmico.	

* Procedimento realizado pela enfermeira.

PADRÕES E CRITÉRIOS DE ASSISTÊNCIA À PARTURIENTE

NECESSIDADES HUMANAS BÁSICAS	PROCEDIMENTOS E CUIDADOS	DESCRIÇÃO SUMÁRIA DO PROCEDIMENTO	CRITÉRIOS
TERAPÊUTICA	Dequitação*	Aguardar a dequitação espontânea da placenta, executando a manobra de Jacobs até 20 minutos e após 35 minutos de retenção, solicitar avaliação médica.	Supervisão e/ou Auditoria Operacional.
		Avaliar a placenta quanto a: Integridade das membranas, cotilédones, veias, artéria e inserção do cordão umbilical.	Tem registro no impresso Ficha Obstétrica, no espaço Dequitação.
	Episiorrafia*	Efetuar a episiorrafia em incisão médio-lateral-direita do períneo.	Tem registro no impresso Ficha Obstétrica, no espaço Parto/Períneo e da avaliação feita no impresso Evolução de Enfermagem.
		Realizar após o término da episiorrafia, a retirada do tampão vaginal, quando utilizado, realizando toque bidigital.	Supervisão e/ou Auditoria Operacional.
	Incisão Cirúrgica*	Avaliar o aspecto do curativo oclusivo.	Tem registro no impresso Evolução de Enfermagem.
	Período de Greenberg (4º período)*	Manter vigilância constante quanto a: – quantidade e aspecto do sangramento – contratilidade uterina	Tem registro no impresso Evolução de Enfermagem. Supervisão e/ou Auditoria Operacional.
	Avaliação das condições clínicas e obstétricas da puérpera*	Realizar o exame físico, observando: – nível de consciência – sinais vitais – contratilidade uterina – sangramento vaginal – condições da episiorrafia	Tem registro no impresso Evolução de Enfermagem. Supervisão e/ou Auditoria Operacional.
		Liberar a puérpera para o Alojamento Conjunto.	Tem registro no impresso Anotação de Enfermagem.
	"Blood-Patch" Assistência à cefaléia pós-raqui anestesia	Quando com diagnóstico de cefaléia pós-raqui, vinda do Pronto Atendimento Obstétrico ou do Alojamento Conjunto:	
		– Encaminhar a paciente à sala de cirurgia, em maca. – Fazer anti-sepsia do local da punção venosa. – Acompanhar o anestesista na punção venosa e na injeção do sangue no espaço raquidiano.	Tem registro no impresso Evolução de Enfermagem.
		– Verificar os sinais vitais. – Avaliar estado geral da paciente e liberar para o Alojamento Conjunto.	Tem registro no impresso Anotação de Enfermagem dos itens a seguir.

* Procedimento realizado pela enfermeira.

DEPARTAMENTO DE ENFERMAGEM – HU-USP
UNIDADE DE CENTRO OBSTÉTRICO
PADRÕES E CRITÉRIOS DE ASSISTÊNCIA AO RECÉM-NASCIDO

NECESSIDADES HUMANAS BÁSICAS	PROCEDIMENTOS E CUIDADOS	DESCRIÇÃO SUMÁRIA DO PROCEDIMENTO	CRITÉRIOS
PARTICIPAÇÃO	Interação mãe-filho	Propiciar a interação mãe-filho, o mais precocemente possível, colocando o RN junto à mãe logo após o nascimento.	Supervisão e/ou Auditoria Operacional.
SEGURANÇA	Identificação	Identificar o RN com pulseira, contendo o nome completo da mãe e o número de atendimento.	Supervisão e/ou Auditoria Operacional.
		Efetuar a impressão digital do polegar da mãe e impressão plantar e digital do RN.	Tem as impressões registradas no impresso Ficha do Recém-Nascido, no espaço "Identificação do Recém-Nascido".
		Realizar junto à mãe a conferência do sexo do RN e da respectiva pulseira de identificação.	Supervisão e/ou Auditoria Operacional.
		Preencher a ficha obstétrica, com data e hora do nascimento, cor, sexo, peso, Apgar, Capurro Somático e condições de nascimento.	Tem registro no impresso Ficha Obstétrica, no espaço "Identificação do Recém-Nascido".
		Idenficar, quando natimorto, com o impresso Identificação de Óbito.	Tem registro do óbito nos impressos Ficha Obstétrica e Evolução de Enfermagem.
		Controlar a entrada de pessoas estranhas ao serviço.	Supervisão.
	Transporte	Manter o RN dentro da sala de parto ou da sala de estabilização até o momento do transporte ao berçário ou UTI neonatal.	Supervisão e/ou Auditoria Operacional.
		Encaminhar o RN ao berçário ou à UTI neonatal, em berço comum ou incubadora de transporte.	Supervisão e/ou Auditoria Operacional.
		Obs.: o encaminhamento de RN à UTI neonatal é feito exclusivamente pela enfermeira, acompanhada de pediatra.	Tem rubricado no impresso Ficha do Recém-Nascido, no espaço "Encaminhado por".
			Tem registro nos impressos Evolução de Enfermagem materna e Evolução de Enfermagem do RN.
	Coleta de exames laboratoriais/ anátomo-patológico	Coletar sangue para tipagem sangüínea.	Tem registro no impresso Evolução de Enfermagem do RN.
		Se RN proveniente de parto com bolsa rota há mais de 24 horas ou com baixo peso, coletar: – Hemograma – Hemocultura – Cultura de nariz, olho, pavilhão auditivo, pregas e coto umbilical – Proteína C reativa (PCR) – Aspirado gástrico (em seringa)	Ítens passíveis de Supervisão e/ou Auditoria Operacional.

PADRÕES E CRITÉRIOS DE ASSISTÊNCIA AO RN
CENTRO OBSTÉTRICO

NECESSIDADES HUMANAS BÁSICAS	PROCEDIMENTOS E CUIDADOS	DESCRIÇÃO SUMÁRIA DO PROCEDIMENTO	CRITÉRIOS
SEGURANÇA	Coleta de exames laboratoriais/ anátomo-patológico	Encaminhar placenta para exame anátomo-patológico nos seguintes casos: – rotura de membrana amniótica acima de 24 horas – prematuridade – retardo de crescimento intra-uterino – natimortalidade – infecção materna – gemelaridade – feto hidrópico – DPP, PP – malformações	Supervisão e/ou Auditoria Operacional.
	Horário do nascimento	Manter em todas as salas de parto e na sala de estabilização de RN relógios controlados conforme hora oficial do país.	Supervisão e/ou Auditoria Operacional.
REGULAÇÃO CRESCIMENTO	Boletim de Apgar	Avaliar o RN no 1º, 5º e 10º minuto de vida, de acordo com sua vitalidade, fornecendo-lhe um valor de 0-2 pontos de acordo com os seguintes itens: – freqüência cardíaca – esforço respiratório – tônus muscular – irritabilidade reflexa – coloração da pele	Tem registro no impresso Ficha do Recém-Nascido no espaço boletim de Apgar ou no impresso Evolução de Enfermagem.
	Peso	Verificar o peso após o nascimento.	Tem registro no impresso Ficha Obstétrica e Ficha do Recém-Nascido, no espaço "peso".
CRESCIMENTO	Capurro somático e neurológico	Avaliar aidade gestacional do RN em semanas e dias de acordo com os seguintes itens: – glândula mamária – pregas plantares – forma de orelha – textura de pele – formação do mamilo – sinal do cachecol – posição da cabeça ao levantar o RN	Tem registro no impresso Ficha do Recém-Nascido no espaço idade gestacional pelo Capurro Somático e neurológico.
REGULAÇÃO TÉRMICA	Temperatura corporal	Enxugar o RN com campo esterilizado aquecido, logo após o nascimento, trocando-o a seguir por um outro campo seco nas mesmas condições, evitando a perda de calor. Manter o RN em berço aquecido, em temperatura máxima, durante sua estabilização. Envolver o RN em lençol e cobertor para o transporte. Transportar em incubadora de transporte aquecida em 37ºC, se RN em oxigenoterapia, com gorro confeccionado em malha tubular.	Itens passíveis de Supervisão e/ou Auditoria Operacional.

PADRÕES E CRITÉRIOS DE ASSISTÊNCIA AO RN
CENTRO OBSTÉTRICO

NECESSIDADES HUMANAS BÁSICAS	PROCEDIMENTOS E CUIDADOS	DESCRIÇÃO SUMÁRIA DO PROCEDIMENTO	CRITÉRIOS
OXIGENAÇÃO	Oxigenação com máscara aberta	Testar o fluxômetro da rede de O_2, durante o preparo do berço aquecido para reanimação. Adaptar a máscara de oxigenação de acordo com o tamanho do RN. Controlar o fluxo de O_2, mantendo umidificado até a estabilização do RN. Oxigenar o RN se necessário, com máscara aberta, conforme suas condições.	Itens passíveis de Supervisão e/ou Auditoria Operacional. Tem registro no impresso Ficha do Recém-Nascido, no espaço ventilação.
	Oxigenação com ressuscitador manual	Testar o fluxômetro de O_2 e o ressuscitador manual, durante o preparo do berço aquecido para reanimação. Adaptar o ressuscitador manual no intermediário da cânula de intubação. Controlar o fluxo de O_2 umidificado.	Itens passíveis de Supervisão e/ou Auditoria Operacional.
INTEGRIDADE CUTÂNEO-MUCOSA	Laqueadura do cordão umbilical	Efetuar a técnica de laqueadura do cordão umbilical.	Tem registro no impresso Ficha do Recém-Nascido no espaço identificação.
TERAPÊUTICA	Aspiração	Testar o fluxômetro da rede de vácuo, durante o preparo do berço aquecido para reanimação. Adaptar sonda para aspiração (nº 6 ou 8), durante o preparo do berço aquecido para reanimação. Controlar a pressão do vácuo, durante a aspiração. Aspirar vias aéreas superiores, conteúdo gástrico ou secreção endotraqueal conforme a necessidade.	Itens passíveis de Supervisão e/ou Auditoria Operacional. Tem registro no impresso Ficha do Recém-Nascido no espaço aspiração ou no impresso Evolução de Enfermagem.
	Intubação	Preparar e testar o laringoscópio, as lâminas e as cânulas de acordo com o tamanho do RN. Fixar a cânula adequadamente.	Supervisão e/ou Auditoria Operacional. Tem registro no impresso Evolução de Enfermagem do RN da graduação da cânula correspondente a gengiva superior.
	Cateterismo umbilical	Manter caixa de cateterismo umbilical a ser utilizada no procedimento	Supervisão e/ou Auditoria Operacional.
	Administração de medicamentos endovenosos	Manter medicamentos diluídos e preparados na seringa, por um período máximo de 24 horas, conforme normatização existente na unidade, incluindo: Adrenalina e Bicarbonato de Sódio a 10%. Administrar o medicamento conforme prescrição médica, após o cateterismo umbilical.	Supervisão e/ou Auditoria Operacional. Tem registro no impresso Evolução de Enfermagem do RN.

PADRÕES E CRITÉRIOS DE ASSISTÊNCIA AO RN
CENTRO OBSTÉTRICO

NECESSIDADES HUMANAS BÁSICAS	PROCEDIMENTOS E CUIDADOS	DESCRIÇÃO SUMÁRIA DO PROCEDIMENTO	CRITÉRIOS
TERAPÊUTICA	Instilação ocular	Observar a data de validade do medicamento. Instilar 1 gota de Nitrato de Prata a 1%, na pálpebra inferior de cada olho, seguida de secagem com gaze.	Itens passíveis de Supervisão e/ou Auditoria Operacional.
ELIMINAÇÃO	Vésico-intestinal	Observar a presença e características das eliminações durante o procedimento da reanimação	Tem registro no impresso Ficha do Recém-Nascido, no espaço eliminações ou no impresso Evolução de Enfermagem do RN.
RELIGIOSA	Ritual/batismo	Garantir o batismo sobre condições extremas, após consultar a mãe, dependendo de suas condições físicas e emocionais.	Tem registro no impresso Evolução de Enfermagem materna.

DEPARTAMENTO DE ENFERMAGEM – HU-USP
PADRÕES E CRITÉRIOS DE ASSISTÊNCIA ÀS INTERCORRÊNCIAS OCORRIDAS DURANTE O TRABALHO DE PARTO, PARTO E 4º PERÍODO CLÍNICO DO PARTO

NECESSIDADES HUMANAS BÁSICAS	PROCEDIMENTOS E CUIDADOS	DESCRIÇÃO SUMÁRIA DO PROCEDIMENTO	CRITÉRIOS
TERAPÊUTICA	Assistência e identificação de distocias obstétricas durante o trabalho de parto	Solicitar a presença do médico obstetra, quando identificadas as seguintes intercorrências: – Batimentos cárdio-fetais menor que 120 bpm ou maior que 160 bpm, DIP I, DIP II e umbilical. – Dinâmica uterina menor que 2 contrações em 10 minutos ou maior que 4 contrações. – Sinal de Bandell – Frommell. – Útero Hipertônico ou Atônico. – Rotura de bolsa amniótica com presença de: • poliidrâmnio • oligoidrâmnio • mecônio • procidência ou prolapso de cordão umbilical. – Apresentação fetal: • pélvica • defletidas I, II, III. – Situação transversa. – Procidência de membros. – Sangramento vaginal: • inserção de placenta prévia central, marginal ou total, deslocamento prematuro de placenta. – Dilatação cervical: • incompatibilidade da dinâmica uterina • início do trabalho de parto (horas) paridade. – Estresse materno: • desestruturação familiar • trabalho de parto prolongado • medo/ansiedade • percepção dolorosa acentuada • conhecimento da má formação fetal • idade materna (precoce e tardia) gestação supervalorizada. – Sinais Vitais: • hipertermia • hipertensão ou hipotensão arterial acentuada • dispnéia – Sinais de choque: • palidez • sudorese intensa • pele fria • taquicardia • pulso fino. – Confusão mental – Alteração de comportamento	Supervisão e/ou Auditoria Operacional. Tem registro no impresso Evolução de Enfermagem da intercorrência apresentada, solicitação da presença e conduta adotada pelo médico obstetra.

PADRÕES E CRITÉRIOS DE ASSISTÊNCIA ÀS INTERCORRÊNCIAS OCORRIDAS DURANTE O TRABALHO DE PARTO, PARTO E 4º PERÍODO CLÍNICO DO PARTO

NECESSIDADES HUMANAS BÁSICAS	PROCEDIMENTOS E CUIDADOS	DESCRIÇÃO SUMÁRIA DO PROCEDIMENTO	CRITÉRIOS

TERAPÊUTICA	Assistência e identificação de distocias obstétricas durante o parto e 4º período clínico do parto	Solicitar a presença do médico obstetra, quando identificadas as seguintes intercorrências:
		– Batimentos cardio-fetais menores que 100 bpm no período expulsivo.
		– Dinâmica uterina inferior a 3 contrações em 10 minutos e intensidade inferior a 60 mmHg.
		– Sinal de Bandell (rotura iminente do útero).
		– Expulsivo prolongado:
		  • dilatação cervical total com descida da apresentação.
		  • (Plano de Delee) superior a 20 minutos.
		– Distocia de rotação.
		– Distocia de desprendimento do biacromial (GIG).
		– Retenção placentária por período acima de 30 minutos.
		– Restos placentários.
		– Hipotonia ou atonia uterina.
		– Sangramento vaginal aumentado.
		– Rotura de períneo II e III grau.
		– Estresse materno:
		  • desestruturação familiar
		  • expulsivo prolongado
		  • medo/ansiedade
		  • percepção dolorosa acentuada
		  • existência de má formação fetal
		  • idade materna (precoce e tardia)
		  • gestação valorizada.
		– Sinais Vitais:
		  • hipertermia
		  • hipertensão ou hipotensão arterial acentuada
		  • dispnéia.
		– Sinais de choque:
		  • palidez
		  • sudorese intensa
		  • pele fria
		  • taquicardia
		  • pulso fino.
		– Confusão mental.
		– Alteração de comportamento.
			Supervisão e/ou Auditoria Operacional.
			Tem registro no impresso Evolução de Enfermagem da intercorrência apresentada, solicitação da presença e conduta adotada pelo médico obstetra.

	Assistência à gestante/parturiente portadora de Doença Hipertensiva Específica da Gravidez (DHEG)	**No Centro Obstétrico:** Manter parturiente continuamente monitorizada para avaliação dos batimentos cárdio-fetais e dinâmica uterina. Monitorar a Pressão Arterial (PA), com aparelho de pressão arterial não invasiva. Quando PA estabilizada, controlar conforme prescrição de enfermagem.	Tem registro no impresso Ficha Obstétrica nos espaços BCF e DU de 1/1 hora. Supervisão e/ou Auditoria Operacional Tem checado e rubricado no impresso Prescrição de Enfermagem e tem registro dos resultados dos cuidados prestados no impresso Anotação de Enfermagem.

PADRÕES E CRITÉRIOS DE ASSISTÊNCIA ÀS PATOLOGIAS OBSTÉTRICAS DE MAIOR INCIDÊNCIA NO HU-USP

NECESSIDADES HUMANAS BÁSICAS	PROCEDIMENTOS E CUIDADOS	DESCRIÇÃO SUMÁRIA DO PROCEDIMENTO	CRITÉRIOS
TERAPÊUTICA	Assistência à gestante/parturiente portadora de Doença Hipertensiva Específica da Gravidez (DHEG)	Observar nível de consciência. Observar se sintomatologia hipertensiva (cefaléia, epigastralgia, escotomas, agitação psicomotora). Observar edema. Puncionar veia calibrosa. Colher sangue para exames laboratoriais conforme prescrição de enfermagem. Proceder sondagem vesical com sonda de Foley, conforme prescrição de enfermagem.	Tem registro no impresso Evolução de Enfermagem dos itens a seguir. Tem checado e rubricado no impresso Prescrição de Enfermagem.
		Manter cânula de Guedel disponível. Manter cateter de O_2. Manter em cama com grades. Manter repouso absoluto no leito. Manter ambiente calmo e na penumbra. Encaminhar ao Alojamento Conjunto quando estabilizada.	Itens passíveis de Supervisão e/ou Auditoria Operacional.
		No Alojamento Conjunto: Verificar PA de 4/4hs ou conforme prescrição de enfermagem.	Tem checado e rubricado no impresso Precrição de Enfermagem.
		Verificar o peso.	Tem registro no impresso Gráfico de Sinais Vitais.
		Verificar presença de sintomatologia hipertensiva (cefaléia, escotomas, epigastralgia).	Tem checado e rubricado no impresso Prescrição de Enfermagem.
		Verificar perda vaginal.	Tem registro no impresso Anotação de Enfermagem.
		Realizar controle de movimentação fetal nos plantões M, T e N.	Tem registro no impresso Anotação de Enfermagem.
		Manter repouso relativo em decúbito lateral esquerdo.	Supervisão e/ou Auditoria Operacional.
		Realizar balanço hídrico parcial ao final de cada plantão e o total após 24 horas.	Tem registro no impresso de Controle de Ingeridos e Eliminados o balanço hídrico parcial e o total registrado no impresso Evolução de Enfermagem.
		Verificar dinâmica uterina quando queixa de dor em baixo ventre.	Tem registro no impresso Evolução de Enfermagem.
		Verificar batimentos cárdio-fetais de 4/4 hs, com sonar Doppler ou estetoscópio de Pinard.	Tem registro no impresso Evolução de Enfermagem. Supervisão e/ou Auditoria Operacional.
		Manter em cama com grades quando com alteração do nível de consciência.	Tem checado e rubricado no impresso Prescrição de Enfermagem. Supervisão e/ou Auditoria Operacional.
		Manter carro de emergência próximo ao quarto da gestante/puérpera.	Supervisão e/ou Auditoria Operacional.

PADRÕES E CRITÉRIOS DE ASSISTÊNCIA ÀS PATOLOGIAS OBSTÉTRICAS DE MAIOR INCIDÊNCIA NO HU-USP

NECESSIDADES HUMANAS BÁSICAS	PROCEDIMENTOS E CUIDADOS	DESCRIÇÃO SUMÁRIA DO PROCEDIMENTO	CRITÉRIOS
TERAPÊUTICA	Assistência à gestante/parturiente durante a administração de Sulfato de Magnésio*	Administrar conforme prescrição médica.	Tem checado e rubricado no impresso Prescrição Médica.
		Verificar PA, pulso e freqüência respiratória antes da aplicação do medicamento.	Tem registro no impresso Anotação de Enfermagem.
		Manter no Centro Obstétrico monitorizada com aparelho de PA não invasiva.	Supervisão e/ou Auditoria Operacional.
		Observar sintomatologia hipertensiva, conforme prescrição de enfermagem.	Tem checado e rubricado no impresso Prescrição de Enfermagem.
		Aplicar somente se: • Reflexo patelar positivo • Diurese ≥ 100 ml em 4 horas • Freqüência respiratória ≥ 16/min.	Tem registro no impresso Evolução de Enfermagem.
		Se endovenoso: – Observar atentamente sinais e sintomas de parada respiratória. – Manter preparado Gluconato de de Cálcio a 10%.	Itens passíveis de Supervisão e/ou Auditoria Operacional.
		Se intramuscular: – Manter preparado Gluconato de Cálcio a 10%. – Manter preparado o material, como agulha de 80 x 5 para aplicação profunda.	Supervisão e/ou Auditoria Operacional.
		– Rodiziar o local da aplicação, conforme prescrição de enfermagem. Aplicar bolsa de água quente nos glúteos após aplicação do medicamento, conforme prescrição de enfermagem.	Tem checado e rubricado no impresso Prescrição de Enfermagem.
	Assistência à gestante/parturiente durante a administração de Hidralazina endovenosa	Manter parturiente continuamente monitorizada para avaliação dos batimentos cardio-fetais e dinâmica uterina.	Supervisão e/ou Auditoria Opecional. Tem registro no impresso Ficha Obstétrica nos espaços BCF e DU de 1/1 hora.
		Administrar conforme prescrição médica.	Tem checado e rubricado no impresso Precrição Médica.
		Verificar PA conforme prescrição de enfermagem, preferencialmente mantendo a parturiente monitorizada continuamente, com aparelho de PA não invasiva.	Tem checado e rubricado no impresso Prescrição de Enfermagem.
		Se PA diastólica maior ou igual a 11 mmHg: – Aplicar Hidralazina. – Controlar PA após a aplicação de 15/15 minutos.	Tem registro no impresso Gráfico de Sinais Vitais ou no impresso Anotação de Enfermagem.
		Repetir o procedimento até PA diastólica manter-se < 11 mmHg.	Tem checado e rubricado no impresso Prescrição Médica.

* Procedimento realizado por enfermeira.

PADRÕES E CRITÉRIOS DE ASSISTÊNCIA ÀS PATOLOGIAS OBSTÉTRICAS DE MAIOR INCIDÊNCIA NO HU-USP

NECESSIDADES HUMANAS BÁSICAS	PROCEDIMENTOS E CUIDADOS	DESCRIÇÃO SUMÁRIA DO PROCEDIMENTO	CRITÉRIOS
TERAPÊUTICA	Assistência à gestante/parturiente com Amniorrexe prematura ou precoce	Realizar conforme prescrição de enfermagem: Observar perda vaginal (coloração, aspecto, odor e quantidade). Controlar temperatura de 4/4 hs. Realizar coleta de exames laboratoriais.	Tem checado e rubricado no impresso Prescrição de Enfermagem e tem registro no impresso Anotação de Enfermagem.
		No Centro Obstétrico: Manter parturiente continuamente monitorizada para avaliação dos batimentos cárdio-fetais e dinâmica uterina.	Supervisão e/ou Auditoria Operacional.
		Avaliar a dinâmica uterina de 2/2 hs.	Tem registro no impresso Ficha Obstétrica no espaço DU.
		Verificar os batimentos cárdio-fetais de 1/1 hora.	Tem registro no impresso Ficha Obstétrica no espaço BCF.
		Realizar toque vaginal de acordo com a dinâmica uterina.	Tem registro no impresso Ficha Obstétrica no espaço Toque Vaginal.
		No Alojamento Conjunto: Observar queixa de dor abdominal. Auscultar batimentos cardio-fetais de 4/4 hs.	Tem registro no impresso Evolução de Enfermagem.
	Assistência à gestante/parturiente em Trabalho de Parto Prematuro	**No Centro Obstétrico:** Manter repouso relativo. Manter parturiente continuamente monitorizada para avaliação de batimentos cárdio-fetais e dinâmica uterina.	Supervisão e/ou Auditoria Operacional. Tem registro na Ficha Obstétrica no espaço BCF, DU.
		Realizar o toque vaginal, se dinâmica uterina presente.	Tem registro no impresso Ficha Obstétrica no espaço cervico dilatação.
		Quando dinâmica uterina ausente, encaminhar ao Alojamento Conjunto.	Tem registro no impresso Anotação de Enfermagem.
		No Alojamento Conjunto: Manter repouso relativo conforme prescrição de enfermagem.	Tem checado e rubricado no impresso Prescrição de Enfermagem.
		Verificar a dinâmica uterina quando na queixa de dor e/ou endurecimento abdominal conforme prescrição de enfermagem.	Tem registro no impresso Anotação de Enfermagem.
		Auscultar batimentos cardio-fetais de 4/4 hs com sonar Doppler ou estetoscópio de Pinard.	Supervisão e/ou Auditoria Operacional.
		Realizar o toque vaginal se dinâmica uterina presente, exceto nos casos de placenta prévia.	Tem registro no impresso Evolução de Enfermagem.

PADRÕES E CRITÉRIOS DE ASSISTÊNCIA ÀS PATOLOGIAS OBSTÉTRICAS DE MAIOR INCIDÊNCIA NO HU-USP

NECESSIDADES HUMANAS BÁSICAS	PROCEDIMENTOS E CUIDADOS	DESCRIÇÃO SUMÁRIA DO PROCEDIMENTO	CRITÉRIOS
TERAPÊUTICA	Assistência à gestante/parturiente durante a administração de Cloridrato de Isoxsuprina EV	Administrar conforme prescrição médica. Verificar P e PA a cada controle de dinâmica uterina. Se pulso ≥ 120 bpm e/ou PA ≤ 80 x 50 mmHg diminuir gotejamento.	Tem checado e rubricado no impresso Prescrição Médica. Tem registro do P e gotejamento no impresso Ficha Obstétrica.
	Assistência à gestante/parturiente durante processos hemorrágicos do segundo trimestre da gravidez: Placenta Prévia	**No Centro Obstétrico:** – Manter contra indicação de toque vaginal. – Controlar e observar rigorosamente aspecto e quantidade de sangramento vaginal. – Manter repouso absoluto no leito. – Puncionar veia calibrosa para reposição de volume. – Controlar pressão arterial e pulso. – Manter a parturiente monitorizada continuamente com monitor cárdio-fetal. – Observar sinais de choque hipovolêmico. **No Alojamento Conjunto:** – Manter repouso relativo. – Controlar sangramento vaginal. – Auscultar batimentos cárdio-fetais de 4/4 hs com sonar Doppler ou estetoscópio de Pinard. – Verificar a dinâmica uterina quando na queixa de dor e ou endurecimento abdominal.	Supervisão e/ou Auditoria Operacional. Tem registro no impresso Anotação de Enfermagem. Supervisão e/ou Auditoria Operacional. Tem checado e rubricado no impresso Prescrição de Enfermagem. Tem registro no impresso Anotação de Enfermagem. Tem registro no impresso Ficha Obstétrica, espaço DU/BCF de 1/1 hora. Supervisão e/ou Auditoria Operacional. Supervisão e/ou Auditoria Operacional. Tem checado e rubricado no impresso Prescrição de Enfermagem e tem registro no impresso Anotação de Enfermagem. Supervisão e/ou Auditoria Operacional. Tem registro no impresso Evolução de Enfermagem. Tem registro no impresso Evolução de Enfermagem.
	Deslocamento Prematuro de Placenta	**No Centro Obstétrico:** Puncionar veia calibrosa para reposição de volume. Colher amostra de sangue para exames: Hb/Ht; tipagem sangüínea; RSS; coagulograma. Avaliar a presença de batimentos cárdio-fetais de preferência, com monitor cárdio-fetal. Controlar pressão arterial e pulso. Observar aspecto e quantidade do sangramento vaginal. Observar presença de hipertonia uterina. Realizar sondagem vesical de demora, conforme prescrição de enfermagem. Encaminhar à sala de cirurgia para realização de cesárea.	Tem checado e rubricado no impresso Prescrição de Enfermagem. Tem registro no impresso de Anotação de Enfermagem. Tem registro no impresso Ficha Obstétrica no espaço BCF. Supervisão e/ou Auditoria Operacional. Tem registro no impresso Anotação de Enfermagem. Tem registro no impresso Evolução de Enfermagem. Tem checado e rubricado no impresso Prescrição de Enfermagem. Tem registro no impresso Anotação de Enfermagem.

DEPARTAMENTO DE ENFERMAGEM – HU-USP
UNIDADE DE ALOJAMENTO CONJUNTO PADRÕES E CRITÉRIOS DE ASSISTÊNCIA À GESTANTE E PUÉRPERA

NECESSIDADES HUMANAS BÁSICAS	PROCEDIMENTOS E CUIDADOS	DESCRIÇÃO SUMÁRIA DO PROCEDIMENTO	CRITÉRIOS
AMBIENTE	Privacidade e prevenção	Garantir quarto privativo às pacientes com: abortamento, óbito fetal, parto domiciliar, doenças infecto contagiosas, infecção puerperal e problemas psicossociais.	Supervisão e/ou Auditoria Operacional.
COMUNICAÇÃO E PARTICIPAÇÃO	Interação social e orientação	Identificar-se junto à puérpera informando o nome e a categoria profissional, por ocasião do primeiro contato. Apresentar a puérpera às demais da enfermaria. Orientar sobre procedimentos a serem realizados. Fornecer manual de orientações da unidade. Informar sobre a área física, normas e rotinas da unidade. Manter a puérpera e familiares informados sobre o estado do RN quando internado no berçário ou UTI neonatal. Favorecer o estabelecimento precoce do vínculo afetivo entre o trinômio mãe-filho-pai incentivando a participação ativa dos pais. Observar ausência do cônjuge e/ou familiares.	Itens passíveis de Supervisão e/ou Auditoria Operacional.
SEGURANÇA	Identificação	Conferir na admissão os dados de identificação da pulseira com impresso Ficha Obstétrica.	Supervisão e/ou Auditoria Opecional.
		Conferir a pulseira da mãe com a do RN a cada turno mantendo a segurança e a confiabilidade.	Tem registro da conferência das pulseiras nos plantões M, T e N no impresso Anotação de Enfermagem. Supervisão e/ou Auditoria Operacional.
		Controlar a entrada de pessoas estranhas ao serviço.	Supervisão.
	Transporte	Encaminhar em cadeira de rodas ou maca aos exames internos ou externos e na transferência de unidade.	Tem registro do encaminhamento no impresso Anotação de Enfermagem por ocasião da saída e do retorno.
		Encaminhar deambulando ou em cadeira de rodas ao berçário ou UTI Neonatal.	Tem registro do encaminhamento no impresso Anotação de Enfermagem.
REGULAÇÃO TÉRMICA	Temperatura corporal	Verificar nos plantões M e T ou conforme prescrição de enfermagem.	Tem checado e rubricado no impresso Prescrição de Enfermagem e registro no impresso Gráfico de Sinais Vitais.
REGULAÇÃO VASCULAR	Pressão arterial e Freqüência cardíaca	Verificar no plantão M ou conforme prescrição de enfermagem.	Tem checado e rubricado no impresso Prescrição de Enfermagem e registro no impresso Gráfico de Sinais Vitais.
	Batimento Cárdio-Fetal (BCF)*	Auscultar o BCF de 4/4 hs.	Tem registro no impresso Evolução de Enfermagem.

* Procedimento realizado pela enfermeira.

PADRÕES E CRITÉRIOS DE ASSISTÊNCIA À GESTANTE E PUÉRPERA

NECESSIDADES HUMANAS BÁSICAS	PROCEDIMENTOS E CUIDADOS	DESCRIÇÃO SUMÁRIA DO PROCEDIMENTO	CRITÉRIOS
REGULAÇÃO CRESCIMENTO	Peso	Verificar conforme prescrição de enfermagem.	Tem checado e rubricado no impresso Prescrição de Enfermagem. Tem registro no impresso Gráfico de Sinais Vitais.
OXIGENAÇÃO	Freqüência respiratória	Verificar conforme prescrição de enfermagem.	Tem checado e rubricado no impresso Prescrição de Enfermagem. Tem registro no impresso Gráfico de Sinais Vitais.
ELIMINAÇÃO	Vesical	Verificar a presença e as características da urina diariamente, complementadas com as informações da puérpera.	Tem registro no impresso Ficha Obstétrica no espaço diurese.
	Intestinal	Verificar a presença e as características das fezes, diariamente, complementadas com as informações da puérpera.	Tem registro no impresso Ficha Obstétrica no espaço evacuações.
	Perda vaginal	Verificar a presença e as características da perda vaginal, complementadas com as informações da puérpera.	Tem checado e rubricado no impresso Prescrição de Enfermagem. Tem registro no impresso Anotação de Enfermagem e Evolução de Enfermagem.
MECÂNICA CORPORAL	Dinâmica Uterina* (DU)	Avaliar quando apresentar queixa de dor ou endurecimento abdominal.	Tem registro no impresso Evolução de Enfermagem.
	Toque vaginal*	Realizar quando DU presente, exceto nos casos de placenta prévia.	Tem registro no impresso Evolução de Enfermagem.
CUIDADO CORPORAL	Banho de aspersão	Acompanhar a puérpera em seu primeiro banho pós-parto. Orientar e/ou observar o banho diário.	Tem registro no impresso Anotação de Enfermagem.
	Higiene íntima	Incentivar a higiene perineal após as eliminações ou conforme prescrição de enfermagem.	Tem registro no impresso Anotação de Enfermagem.
NUTRIÇÃO	Ingesta alimentar	Verificar a aceitação alimentar nos plantões M, T e N.	Tem registro no impresso Anotação de Enfermagem.
HIDRATAÇÃO	Ingesta hídrica	Incentivar a hidratação da puérpera, conforme prescrição de enfermagem.	Tem checado e rubricado no impresso Prescrição de Enfermagem. Tem registro no impresso Anotação de Enfermagem.
INTEGRIDADE CUTÂNEO-MUCOSA	Traumas mamilares	Orientar quanto à técnica de amamentação. Orientar quanto à manutenção da região mamilar limpa e seca.	Tem registro no impresso Anotação de Enfermagem.
		Oferecer pomada cicatrizante conforme prescrição de enfermagem. Orientar o uso da pomada cicatrizante conforme prescrição de enfermagem.	Tem checado e rubricado no impresso Prescrição de Enfermagem. Tem registro no impresso Anotação de Enfermagem.
INTEGRIDADE FÍSICA	Incisão cirúrgica	Retirar o curativo oclusivo após 24 horas do ato cirúrgico. Observar aspecto da incisão cirúrgica.	Tem registro no impresso Anotação de Enfermagem.
		Se incisão cirúrgica com intercorrências, proceder conforme prescrição de enfermagem.	Tem checado e rubricado no impresso Prescrição de Enfermagem e tem registro no impresso Anotação de Enfermagem.

* Procedimento realizado pela enfermeira.

PADRÕES E CRITÉRIOS DE ASSISTÊNCIA À GESTANTE E PUÉRPERA – ALOJAMENTO CONJUNTO

NECESSIDADES HUMANAS BÁSICAS	PROCEDIMENTOS E CUIDADOS	DESCRIÇÃO SUMÁRIA DO PROCEDIMENTO	CRITÉRIOS
INTEGRIDADE FÍSICA	Episiorrafia	Na presença de hematoma, edema e equimose: Aplicar bolsa de gelo nas primeiras 24 horas de pós-parto, conforme prescrição de enfermagem.	Tem checado e rubricado no impresso Prescrição de Enfermagem.
		Estimular a aplicação de ducha morna após as primeiras 24 horas conforme prescrição de enfermagem.	Tem registro no impresso Anotação de Enfermagem.
	Ingurgitamento mamário	Orientar quanto a importância do esvaziamento mamário após as mamadas.	Tem registro no impresso Anotação de Enfermagem.
		Se presença de ingurgitamento mamário, proceder conforme prescrição de enfermagem.	Tem checado e rubricado no impresso Prescrição de Enfermagem e tem registro no impresso Anotação de Enfermagem.
TERAPÊUTICA	Punção venosa	Verificar condições da rede venosa periférica (permeabilidade e local da punção).	Supervisão e/ou Auditoria Operacional.
		Realizar punção venosa.	Tem registro no impresso Anotação de Enfermagem.
	Administração de soro	Administrar o soro conforme prescrição médica.	Tem registro do início e término da infusão no impresso Prescrição Médica.
		Observar e controlar o volume e gotejamento.	Supervisão e Auditoria Operacional. Tem registro das anormalidades ocorridas durante a infusão no impresso Anotação de Enfermagem.
	Administração de medicamentos por via oral, intramuscular ou endovenosa	Administrar conforme prescrição médica.	Tem checado e rubricado no impresso Prescrição Médica.
	Administração de sangue e/ou derivados*	Conferir o nome completo, RH, tipo sangüíneo e nº da bolsa no impresso do Hemocentro com o prontuário da paciente.	Tem checado no impresso do Hemocentro.
		Verificar os sinais vitais antes da instalação, durante e após a infusão, conforme prescrição de enfermagem.	Tem checado e rubricado no impresso Prescrição de Enfermagem e registro no impresso Gráfico de Sinais Vitais.
		Observar sintomas e sinais de reação adversa conforme prescrição de enfermagem. Observar aspecto e quantidade da urina a cada eliminação, conforme prescrição de enfermagem.	Tem checado e rubricado no impresso Prescrição de Enfermagem e registro no impresso Anotação de Enfermagem.
		Instalar o sangue e/ou derivados conforme prescrição médica.	Tem registro no impresso Prescrição Médica do início e término da infusão.
PERCEPÇÃO DOLOROSA	Dor na episiorrafia e incisão cirúrgica	Administrar analgésicos conforme prescrição médica.	Tem checado e rubricado no impresso Prescrição Médica.
		Estimular a aplicação de ducha morna conforme prescrição de enfermagem.	Tem checado e rubricado no impresso Prescrição de Enfermagem.
		Aplicar anestésico *spray* conforme prescrição médica ou de enfermagem.	Tem checado e rubricado no impresso Prescrição Médica ou de Enfermagem.

* Procedimento realizado pela enfermeira.

PADRÕES E CRITÉRIOS DE ASSISTÊNCIA À GESTANTE E PUÉRPERA – ALOJAMENTO CONJUNTO

NECESSIDADES HUMANAS BÁSICAS	PROCEDIMENTOS E CUIDADOS	DESCRIÇÃO SUMÁRIA DO PROCEDIMENTO	CRITÉRIOS
PERCEPÇÃO DOLOROSA	Cefaléia pós-raqui anestesia	Manter em repouso em decúbito dorsal horizontal.	Tem checado e rubricado no impresso Prescrição de Enfermagem.
		Incentivar a ingesta hídrica conforme prescrição de enfermagem.	Tem registro no impresso Anotação de Enfermagem.
		Administrar medicamentos conforme prescrição médica.	Tem checado e rubricado no impresso Prescrição Médica.
		Encaminhar ao centro obstétrico em maca, no caso de *blood-patch*, conforme prescrição de enfermagem.	Tem checado e rubricado no impresso Prescrição de Enfermagem. Tem registro no impresso Anotação de Enfermagem.
SONO E REPOUSO	Promoção de sono e repouso	Auxiliar nos cuidados com o RN, favorecendo períodos de sono.	Tem registro no impresso Anotação de Enfermagem.
RELIGIOSA	Assistência espiritual	Propiciar auxílio espiritual quando solicitado.	Tem registro no impresso Evolução de Enfermagem.
APRENDIZAGEM	Orientação	Ministrar orientações a todas as puérperas enfocando: – Alimentação puérpera. – Aleitamento materno. – Hidratação do RN. – Técnica de amamentação*. – Registro do RN. – Matrícula do RN na UBS*. – Coleta de PKU e T4. – Banho de imersão do RN. – Vestuário do RN. – Curativo umbilical*. – Modificações fisiológicas do RN*. – Atividade sexual e física da puérpera. – Higiene íntima e corporal. – Curativo perineal ou abdominal. – Consulta de enfermagem pós alta hospitalar*.	Tem checado no impresso Ficha Obstétrica nas colunas de puerpério sobre os assuntos ministrados. * Os itens assinalados serão passíveis de Auditoria Operacional.

DEPARTAMENTO DE ENFERMAGEM – HU-USP
UNIDADE DE ALOJAMENTO CONJUNTO
PADRÕES E CRITÉRIOS DE ASSISTÊNCIA AO RÉCEM-NASCIDO

NECESSIDADES HUMANAS BÁSICAS	PROCEDIMENTOS E CUIDADOS	DESCRIÇÃO SUMÁRIA DO PROCEDIMENTO	CRITÉRIOS
SEGURANÇA	Identificação	Conferir na admissão: – os dados de identificação e sexo do RN com o impresso Ficha do Recém-Nascido.	Supervisão e/ou Auditoria Operacional.
		– os dados da pulseira de identificação do RN com os dados da pulseira da mãe, mostrando o sexo do RN à mãe.	Tem registro no impresso Anotação de Enfermagem. Supervisão e/ou Auditoria Operacional.
		Conferir as pulseiras de identificação do RN com as pulseiras de identificação da mãe nos plantões M, T, N.	Tem registro no impresso Anotação de Enfermagem. Supervisão e/ou Auditoria Operacional.
		Observar a presença do RN junto à mãe durante as 24 horas após sua admissão na unidade.	
	Transporte	Encaminhar em berço comum aos exames internos ou externos e na transferência de unidade.	Tem registro no impresso Anotação de Enfermagem por ocasião da saída e do retorno. Supervisão e/ou Auditoria Operacional.
		Explicar aos pais a finalidade do encaminhamento.	Supervisão e/ou Auditoria Operacional.
	Teste de fenilcetonúria (PKU) e hipotireoidismo congênito (T4 neonatal)*	Realizar coleta de sangue na lateral externa do calcâneo no 3º dia de vida, com a participação da mãe, reorientando sobre o exame.	Tem registro no impresso Anotação de Enfermagem e na Carteira do Recém-Nascido.

* Procedimento realizado pela enfermeira.

PADRÕES E CRITÉRIOS DE ASSISTÊNCIA AO RÉCEM-NASCIDO (RN) – ALOJAMENTO CONJUNTO

NECESSIDADES HUMANAS BÁSICAS	PROCEDIMENTOS E CUIDADOS	DESCRIÇÃO SUMÁRIA DO PROCEDIMENTO	CRITÉRIOS
REGULAÇÃO TÉRMICA	Temperatura corporal	Verificar nos plantões M, T, N ou conforme prescrição de enfermagem.	Tem checado e rubricado no impresso Prescrição de Enfermagem e tem registro no impresso Gráfico de Sinais Vitais.
REGULAÇÃO CRESCIMENTO	Peso	Verificar no plantão M ou conforme prescrição de enfermagem.	Tem checado e rubricado no impresso Prescrição de Enfermagem e tem registro no impresso Gráfico de Sinais Vitais.
ELIMINAÇÃO	Vésico-intestinal	Observar a presença ou ausência e as características das eliminações nos plantões M, T, N, complementada com as informações fornecidas pela mãe.	Tem registro no impresso Anotação de Enfermagem.
	Vômito	Observar a presença e as características nos plantões M, T e N, complementada com as informações fornecidas pela mãe.	Tem registro no impresso Anotação de Enfermagem.
CUIDADO CORPORAL	Banho	Acompanhar e orientar diariamente o banho do RN realizado pela mãe.	Tem registro no impresso Anotação de Enfermagem.
	Higiene ocular	Orientar a mãe quanto a técnica de higienização ocular. Oferecer à mãe água destilada para higiene ocular do RN. Observar características de secreção ocular.	Tem checado e rubricado no impresso Prescrição de Enfermagem e tem registro no impresso Anotação de Enfermagem.
	Higiene perineal	Acompanhar a higiene perineal a cada eliminação realizada pela mãe.	Tem registro no impresso Anotação de Enfermagem das características das eliminações relatadas pela mãe.
	Unhas	Aparar conforme prescrição de enfermagem.	Tem checado e rubricado no impresso Prescrição de Enfermagem.
NUTRIÇÃO	Aleitamento materno	Enfatizar junto à mãe a importância do aleitamento materno. Orientar a mãe sobre a técnica de amamentação. Observar a sucção e deglutição nos plantões M, T, N.	Tem checado e rubricado no impresso Ficha Obstétrica no espaço puerpério e coluna aleitamento materno. Tem registro no impresso Anotação de Enfermagem.
		Se RN com dificuldades em sugar, proceder conforme prescrição de enfermagem.	Tem checado e rubricado no impresso Prescrição de Enfermagem e tem registro no impresso Anotação de Enfermagem.
	Aleitamento misto	Oferecer complemento lácteo conforme prescrição médica ou de enfermagem.	Tem checado e rubricado no impresso Prescrição Médica ou de Enfermagem.
		Orientar a mãe a oferecer primeiramente o leite materno, alertando que a oferta do complemento lácteo no hospital visa somente a correção de uma intercorrência clínica.	Tem registro no impresso Anotação de Enfermagem.

PADRÕES E CRITÉRIOS DE ASSISTÊNCIA AO RÉCEM-NASCIDO (RN) – ALOJAMENTO CONJUNTO

NECESSIDADES HUMANAS BÁSICAS	PROCEDIMENTOS E CUIDADOS	DESCRIÇÃO SUMÁRIA DO PROCEDIMENTO	CRITÉRIOS
INTEGRIDADE CUTÂNEO-MUCOSA	Curativo do coto umbilical	Orientar a mãe no momento da admissão do RN quanto ao curativo com álcool 70%, que será realizado às trocas de fralda.	Tem registro no impresso Anotação de Enfermagem.
		Observar aspecto do coto umbilical (hiperemia, secreção e sangramento) conforme prescrição de enfermagem.	Tem checado e rubricado no impresso Prescrição de Enfermagem e tem registro no impresso Anotação de Enfermagem.
		Se coto umbilical com intercorrências proceder conforme prescrição médica e/ou de enfermagem.	Tem checado e rubricado no impresso Prescrição Médica ou de Enfermagem e tem registro no impresso Anotação de Enfermagem.
	Clampe de cordão* umbilical	Avaliar as condições do coto umbilical e proceder a retirada do clampe após 24 horas do nascimento.	Tem registro no impresso Evolução de Enfermagem.
	Fissura em região corporal	Oferecer hidratante à mãe, conforme prescrição de enfermagem.	Tem checado e rubricado no impresso Prescrição de Enfermagem e tem registro no impresso Anotação de Enfermagem.
		Orientar a mãe quanto ao uso de hidratante conforme prescrição de enfermagem. Observar as características da fissura.	
	Dermatite de fralda (assadura)	Realizar terapêutica conforme prescrição de enfermagem. Orientar quanto a troca de fralda freqüente.	Tem checado e rubricado no impresso Prescrição de Enfermagem e tem registro no impresso Anotação de Enfermagem.
MECÂNICA CORPORAL	Sucção e deglutição	Observar o vigor da sucção e a deglutição durante o aleitamento materno.	Tem registro no impresso Anotação de Enfermagem.
OXIGENAÇÃO	Padrão respiratório	Observar a permeabilidade das vias aéreas superiores e alterações no padrão respiratório.	Tem registro das alterações no impresso Anotações de Enfermagem.
PERCEPÇÃO DOLOROSA	Dor	Observar a expressão facial, a movimentação corporal e o choro indicativos da presença de dor.	Tem registro no impresso Anotação de Enfermagem.
TERAPÊUTICA	Fototerapia	Orientar a mãe sobre o procedimento a ser realizado enfocando os itens inerentes ao autocuidado.	Supervisão e/ou Auditoria Operacional.
		Verificar as condições do equipamento antes da instalação.	Supervisão e/ou Auditoria Operacional.
		Verificar o nível de irradiação das lâmpadas do aparelho antes da instalação.	Tem registro no impresso Anotação de Enfermagem.
		Proteger a região ocular e genital conforme prescrição de enfermagem.	Tem checado e rubricado no impresso Prescrição de Enfermagem. Supervisão e/ou Auditoria Operacional.
		Verificar a temperatura corporal conforme prescrição de enfermagem.	Tem checado e rubricado no impresso Prescrição de Enfermagem e tem registro no impresso Gráfico de Sinais Vitais.

* Procedimento realizado pela enfermeira.

PADRÕES E CRITÉRIOS DE ASSISTÊNCIA AO RÉCEM-NASCIDO (RN) – ALOJAMENTO CONJUNTO

NECESSIDADES HUMANAS BÁSICAS	PROCEDIMENTOS E CUIDADOS	DESCRIÇÃO SUMÁRIA DO PROCEDIMENTO	CRITÉRIOS
TERAPÊUTICA	Fototerapia	Incentivar a mudança do decúbito do RN, conforme prescrição de enfermagem. Incentivar a hidratação oral do RN, conforme prescrição de enfermagem. Observar o aspecto das eliminações e coloração da pele, conforme prescrição de enfermagem.	Tem checado e rubricado no impresso Prescrição de Enfermagem e tem registro no impresso Anotação de Enfermagem.
SONO E REPOUSO	Promoção do sono e repouso	Observar as características do sono, complementada com as informações fornecidas pela mãe.	Tem registro no impresso Anotação de Enfermagem.

DEPARTAMENTO DE ENFERMAGEM – HU-USP
UNIDADE DE BERÇÁRIO
PADRÕES E CRITÉRIOS DE ASSISTÊNCIA AO RECÉM-NASCIDO

NECESSIDADES HUMANAS BÁSICAS	PROCEDIMENTOS E CUIDADOS	DESCRIÇÃO SUMÁRIA DO PROCEDIMENTO	CRITÉRIOS
COMUNICAÇÃO	Interação social	Identificar-se, junto aos pais, informando o nome e a categoria profissional por ocasião do primeiro contato.	Supervisão e/ou Auditoria Operacional.
		Informar a mãe, pai ou responsável sobre as normas, rotinas e área física da unidade, encaminhamentos externos e os profissionais envolvidos na assistência.	Tem registro no impresso Anotação de Enfermagem. Supervisão e/ou Auditoria Operacional.
		Orientar sobre a patologia e procedimentos a serem realizados com o RN.	Itens passíveis de Supervisão e/ou Auditoria Operacional.
		Observar e incentivar a participação dos pais durante a internação.	
		Apoiar os pais e familiares nas situações novas e estressantes respeitando o seu conhecimento e entendimento.	
		Favorecer precocemente o estabelecimento do vínculo afetivo com os pais, permitindo sua permanência na unidade.	
		Permitir a presença de objetos que contribuam para estimulação essencial do RN.	
SEGURANÇA	Identificação	Conferir na admissão: – se o RN tem uma pulseira de identificação com o nome completo da mãe e o número de atendimento. – os dados de identificação e sexo do RN com o impresso Ficha do Recém-Nascido.	Supervisão e/ou Auditoria Operacional. Tem rubricado no impresso Ficha do Recém-Nascido no espaço recebido por.
		Preencher o carão de identificação do RN e afixar no leito.	Supervisão e/ou Auditoria Operacional.
		Conferir o cartão de identificação com a pulseira do RN nos plantões M, T e N.	Tem registro no impresso Anotação de Enfermagem.
		Conferir a pulseira do RN com a da mãe por ocasião das mamadas, mantendo a segurança e confiabilidade.	Supervisão e/ou Auditoria Operacional.
		Conferir a pulseira do RN com a da mãe no momento da transferência para o alojamento conjunto.	Tem registro da transferência no impresso Anotação de Enfermagem Supervisão e/ou Auditoria Operacional.
		Controlar a entrada de pessoas estranhas ao serviço.	Supervisão.
	Transporte	Encaminhar em berço comum ou incubadora de transporte aos exames internos ou externos e na transferência de unidade.	Tem registro no impresso Anotação de Enfermagem por ocasião da saída e do retorno. Supervisão e/ou Auditoria Operacional.
		Ecaminhar para o alojamento conjunto em carro próprio com espaços individualizados.	Supervisão e/ou Auditoria Operacional.

PADRÕES E CRITÉRIOS DE ASSISTÊNCIA AO RN – BERÇÁRIO

NECESSIDADES HUMANAS BÁSICAS	PROCEDIMENTOS E CUIDADOS	DESCRIÇÃO SUMÁRIA DO PROCEDIMENTO	CRITÉRIOS
SEGURANÇA	Teste de Fenilcetonúria (PKU) e hipotireoidismo congênito (T4 neonatal)*	Realizar a coleta de sangue na lateral externa do calcâneo a partir do terceiro dia de vida.	Tem registro no impresso Anotação de Enfermagem e na Carteira do Recém-Nascido.
REGULAÇÃO TÉRMICA	Temperatura corporal	Colocar o RN em berço aquecido ou incubadora no momento da admissão, verificar a temperatura corporal e a do equipamento de duas em duas horas até o RN completar seis horas de vida.	Tem registro no impresso Gráfico de Sinais Vitais a temperatura corporal e a do equipamento com a respectiva legenda: I = Incubadora e BA = Berço Aquecido (BA = min; BA = med; BA = máx.).
		Se RN em berço comum, verificar a temperatura corporal uma vez por plantão ou conforme prescrição de enfermagem.	Tem checado e rubricado no impresso Prescrição de Enfermagem e tem registro no impresso Gráfico de Sinais Vitais.
		Se RN em incubadora ou berço aquecido verificar a temperatura corporal e a do equipamento de 4/4 hs.	Tem registro no impresso Gráfico de Sinais Vitais a temperatura corporal e a do equipamento com a respectiva legenda: I = Incubadora e BA = Berço Aquecido (BA = min BA = med, BA = máx). Tem registro nos impressos UTI e Semi-Intensiva Pediátrica no espaço sinais vitais na coluna T e no Gráfico de Sinais Vitais se em estado semicrítico.
		Manter a temperatura da incubadora conforme prescrição de enfermagem.	Tem checado e rubricado nos impressos Prescrição de Enfermagem ou UTI e Semi-Intensiva Pediátrica, na coluna prescrição de enfermagem.
		Manter as extremidades aquecidas com luvas e botas (confeccionadas com algodão e atadura ou malha tubular) conforme prescrição de enfermagem.	Tem checado e rubricado nos impressos Prescrição de Enfermagem ou UTI e Semi-Intensiva Pediátrica, na coluna prescrição de enfermagem.
		Manter polo cefálico aquecido com gorro (confeccionado com malha tubular), conforme prescrição de enfermagem.	Tem checado e rubricado nos impressos Prescrição de Enfermagem ou UTI e Semi-Intensiva Pediátrica, na coluna prescrição de enfermagem.
REGULAÇÃO VASCULAR	Freqüência cardíaca (FC)	Verificar FC conforme prescrição de enfermagem. Se em estado semicrítico.	Tem checado e rubricado no impresso UTI e Semi-Intensiva Pediátrica na coluna prescrição de enfermagem e tem registro no impresso UTI e Semi-Intensiva Pediátrica no espaço sinais vitais, na coluna FC.

* Procedimento realizado pela enfermeira.

PADRÕES E CRITÉRIOS DE ASSISTÊNCIA AO RN – BERÇÁRIO

NECESSIDADES HUMANAS BÁSICAS	PROCEDIMENTOS E CUIDADOS	DESCRIÇÃO SUMÁRIA DO PROCEDIMENTO	CRITÉRIOS
REGULAÇÃO VASCULAR	Freqüência cardíaca (FC)	Se em estado intermediário ou baixo risco.	Tem checado e rubricado no impresso Prescrição de Enfermagem e tem registro no impresso Anotação de Enfermagem.
		Verificar alterações quanto à FC.	Tem registro no impresso Anotação e/ou Evolução de Enfermagem.
	Monitorização (FC)	Monitorar FC por meio de equipamento.	Tem registro no impresso UTI e Semi-Intensiva Pediátrica na coluna evolução de enfermagem e no impresso Anotação de Enfermagem.
		Avaliar as condições da pele por ocasião da troca dos eletrodos.	Tem registro no impresso Anotação de Enfermagem.
		Manter a localização dos eletrodos (braços ou região superior do tórax, região superior das coxas e 2 cm abaixo do apêndice xifóide).	Supervisão e/ou Auditoria Operacional.
		Programar os limites de máximo e mínimo da FC.	Supervisão e/ou Auditoria Operacional.
		Manter ligados os alarmes do equipamento, exceto durante a realização de procedimentos específicos (higienização, punção venosa e aleitamento materno).	
REGULAÇÃO CRESCIMENTO	Peso	Verificar no plantão M ou conforme prescrição de enfermagem.	
		Se em estado semicrítico.	Tem checado e rubricado no impresso UTI e Semi-Intensiva Pediátrica na coluna prescrição de enfermagem e tem registro nos impressos UTI e Semi-Intensiva Pediátrica e Gráfico de Sinais Vitais no espaço peso.
		Se em estado intermediário ou baixo risco.	Tem checado e rubricado no impresso Prescrição de Enfermagem e tem registro no impresso Gráfico de Sinais Vitais no espaço peso.
OXIGENAÇÃO	Freqüência Respiratória (FR)	Verificar FR conforme prescrição de enfermagem. Se em estado semicrítico.	Tem checado e rubricado no impresso UTI e Semi-Intensiva Pediátrica na coluna prescrição de enfermagem e tem registro no impresso UTI e Semi-Intensiva Pediátrica no espaço sinais vitais, na coluna FR.
		Se em estado intermediário ou baixo risco.	Tem checado e rubricado no impresso Prescrição de Enfermagem e tem registro no impresso Anotação de Enfermagem.
		Verificar alterações quanto à FR.	Tem registro no impresso Anotação e/ou Evolução de Enfermagem.

PADRÕES E CRITÉRIOS DE ASSISTÊNCIA AO RN – BERÇÁRIO

NECESSIDADES HUMANAS BÁSICAS	PROCEDIMENTOS E CUIDADOS	DESCRIÇÃO SUMÁRIA DO PROCEDIMENTO	CRITÉRIOS
OXIGENAÇÃO	Monitorização (FR)	Monitorar FR por meio de equipamento.	Tem registro no impresso UTI e Semi-Intensiva Pediátrica na coluna evolução de enfermagem e no impresso Anotação de Enfermagem.
		Avaliar as condições da pele por ocasião da troca dos eletrodos.	Tem registro no impresso Anotação de Enfermagem.
		Manter a localização dos eletrodos (braços, região superior das coxas e a 2 cm abaixo do apêndice xifóide).	Supervisão e/ou Auditoria Operacional.
		Programar os limites de máximo e mínimo da FR.	Supervisão e/ou Auditoria Operacional.
		Manter ligados os alarmes do equipamento, exceto durante a realização de procedimentos específicos (higienização, punção venosa e aleitamento materno).	
	O_2 na incubadora	Observar padrão respiratório e método de administração de O_2 de acordo com a prescrição médica.	Tem registro nos impressos UTI e Semi-Intensiva Pediátrica na coluna evolução de enfermagem e no impresso Anotação de Enfermagem, não é necessário checar a prescrição médica.
		Instalar o fluxômetro de O_2 com extensão na respectiva rede.	Itens passíveis de Supervisão e/ou Auditoria Operacional.
		Adaptar a extensão na entrada de O_2 da incubadora.	
		Estabelecer fluxo de O_2 conforme prescrição médica.	
		Se em estado semicrítico.	Tem registro no impresso UTI e Semi-Intensiva Pediátrica no espaço incubadora e evolução de enfermagem o fluxo de O_2.
		Se em estado intermediário.	Tem registro no impresso Evolução e/ou Anotação de Enfermagem; não é necessário checar a prescrição médica.
	Capuz	Observar padrão respiratório e método de administração de O_2 de acordo com a prescrição médica.	Tem registro no impresso UTI e Semi-Intensiva Pediátrica na coluna evolução de enfermagem e no impresso Anotação de Enfermagem; não é necessário checar a prescrição médica.
		Instalar os fluxômetros de O_2 e ar comprimido nas respectivas redes. Conectar o frasco do umidificador no fluxômetro de O_2 com água destilada estéril até o nível estabelecido. Ajustar as extensões de O_2 e ar comprimido no intermediário do capuz.	Itens passíveis de Supervisão e/ou Auditoria Operacional.
		Estabelecer os fluxos de O_2 e ar comprimido conforme prescrição médica.	Tem registro nos impressos UTI e Semi-Intensiva Pediátrica no espaço capuz e evolução de enfermagem e Anotação de Enfermagem os fluxos de O_2 e ar comprimido.

PADRÕES E CRITÉRIOS DE ASSISTÊNCIA AO RN – BERÇÁRIO

NECESSIDADES HUMANAS BÁSICAS	PROCEDIMENTOS E CUIDADOS	DESCRIÇÃO SUMÁRIA DO PROCEDIMENTO	CRITÉRIOS
OXIGENAÇÃO	Estimulação respiratória através de pressão positiva (luva oscilante)	Observar prescrição médica do uso de luva oscilante.	Tem registro no impresso UTI e Semi-Intensiva Pediátrica na coluna evolução de enfermagem; não é necessário checar a prescrição médica.
		Instalar a estimulação por pressão positiva por meio de uma luva de látex parcialmente cheia de gases, ligada ao ventilador a volume e pressão, colocando sob o tórax da criança.	Supervisão e/ou Auditoria Operacional.
		Observar crises de apnéia, conforme prescrição de enfermagem.	Tem checado e rubricado no impresso UTI e Semi-Intensiva Pediátrica na coluna prescrição de enfermagem e tem registro no impresso Anotação de Enfermagem.
	Oxímetro de pulso	Instalar o sensor do equipamento nos MMSS ou MMII.	Supervisão e/ou Auditoria Operacional.
		Rodiziar os locais de instalação do sensor conforme prescrição de enfermagem.	Tem checado e rubricado no impresso UTI e Semi-Intensiva Pediátrica na coluna prescrição de enfermagem.
		Verificar a saturação de O_2 conforme prescrição de enfermagem.	Tem registro no impresso UTI e Semi-Intensiva Pediátrica no espaço cuidados especiais – ventilação mecânica na coluna SAO_2.
	Oximetria de ambiente	Verificar a concentração de O_2 no capuz ou na incubadora nos plantões M, T e N, conforme prescrição de enfermagem.	Tem checado e rubricado no impresso UTI e Semi-Intensiva Pediátrica na coluna prescrição de enfermagem e tem registro da concentração de O_2 no impresso Anotação de Enfermagem.
ELIMINAÇÃO	Vésico-intestinal	Observar presença e as características das eliminações nos plantões M, T e N.	
		Controlar volume urinário e intestinal com saco coletor ou peso de fraldas conforme prescrição de enfermagem.	Tem checado e rubricado no impresso UTI e Semi-Intensiva Pediátrica na coluna prescrição de enfermagem.
		Se em estado semicrítico	Tem registro no impresso UTI e Semi-Intensiva Pediátrica no espaço líquidos eliminados, na coluna diurese e/ou fezes e na coluna evolução de enfermagem.
		Se em estado intermediário	Tem checado e rubricado no impresso Prescrição de Enfermagem e tem registro no impresso Controle de Ingeridos e Eliminados no espaço micções ou evacuações, nas colunas hora, tipo e volume e no impresso Evolução de Enfermagem.
		Se baixo risco	Tem checado e rubricado no impresso Prescrição de Enfermagem e tem registro nos impressos Anotação de Enfermagem e Evolução de Enfermagem.

PADRÕES E CRITÉRIOS DE ASSISTÊNCIA AO RN – BERÇÁRIO

NECESSIDADES HUMANAS BÁSICAS	PROCEDIMENTOS E CUIDADOS	DESCRIÇÃO SUMÁRIA DO PROCEDIMENTO	CRITÉRIOS
ELIMINAÇÃO	Vômito	Observar a presença e características. Se em estado semicrítico	Tem registro no impresso UTI Semi-Intensiva Pediátrica no espaço Líquidos Eliminados na coluna Vômito.
		Se em estado intermediário	Tem registro no impresso Controle de Ingeridos e Eliminados no espaço em branco, na coluna Hora, Tipo e Volume.
		Se baixo risco	Tem registro no impresso Anotação de Enfermagem.
CUIDADO CORPORAL	Banho	Realizar no momento da admissão se não apresentar intercorrências.	Tem registro no impresso Anotação de Enfermagem a realização do banho ou justificativa quando não realizado. Supervisão e/ou Auditoria Operacional.
		Realizar diariamente no plantão M ou conforme prescrição de enfermagem.	Tem checado e rubricado no impresso Prescrição de Enfermagem e tem registro no impresso Anotação de Enfermagem.
		Reorientar a mãe sobre a técnica de banho.	Supervisão e/ou Auditoria Operacional.
		Se RN encaminhado para exames externos, este receberá banho ao retornar, após avaliação da enfermeira.	Tem registro no impresso Anotação de Enfermagem.
	Higiene oral e ocular	Realizar conforme prescrição de enfermagem. Observar características da secreção ocular. Se em estado semicrítico	Tem checado e rubricado no impresso UTI e Semi-Intensiva Pediátrica na coluna prescrição de enfermagem e tem registro no impresso Anotação de Enfermagem.
		Se em estado intermediário ou baixo risco	Tem checado e rubricado no impresso Prescrição de Enfermagem e tem registro no impresso Anotação de Enfermagem.
		Se mãe participante acompanhar durante a execução do procedimento.	Supervisão e/ou Auditoria Operacional.
	Higiene perineal	Realizar a cada eliminação. Reorientar a mãe quanto a técnica da higiene perineal.	Supervisão e/ou Auditoria Operacional.
	Unhas	Aparar conforme prescrição de enfermagem. Se em estado semicrítico	Tem checado e rubricado no impresso UTI e Semi-Intensiva Pediátrica na coluna prescrição de enfermagem.
		Se em estado intermediário ou baixo risco.	Tem checado e rubricado no impresso Prescrição de Enfermagem.

PADRÕES E CRITÉRIOS DE ASSISTÊNCIA AO RN – BERÇÁRIO

NECESSIDADES HUMANAS BÁSICAS	PROCEDIMENTOS E CUIDADOS	DESCRIÇÃO SUMÁRIA DO PROCEDIMENTO	CRITÉRIOS
NUTRIÇÃO	Aleitamento materno, misto ou artificial	Esclarecer aos pais a importância do aleitamento materno e técnica de amamentação.	Tem registro no impresso Anotação de Enfermagem.
		Auxiliar a mãe durante a ordenha mamária ou amamentação.	Supervisão e/ou Auditoria Operacional.
		Oferecer dieta conforme a prescrição médica.	Não é necessário checar a prescrição médica.
		Manter decúbito elevado ou segurá-lo no colo sempre que possível durante a oferta da dieta.	Itens passíveis de Supervisão e/ou Auditoria Operacional.
		Após a oferta colocar o RN em decúbito lateral direito ou ventral elevado ou conforme prescrição de enfermagem.	
		Se em estado semicrítico	Tem checado e rubricado no impresso UTI e Semi-Intensiva Pediátrica na coluna prescrição de enfermagem.
		Se em estado intermediário	Tem checado e rubricado no impresso Prescrição de Enfermagem.
		Se RN com dieta por via oral (VO)	
		Se em estado semicrítico	Tem registro no impresso UTI e Semi-Intensiva Pediátrica no espaço líquidos ingeridos, na coluna tipo e VO (volume), nos horários correspondentes.
		Se em estado intermediário	Tem registro no impresso Controle de Ingeridos e Eliminados no espaço Alimentação, nas colunas Hora, Tipo e VO.
		Se baixo risco	Tem registro no impresso Anotação de Enfermagem.
		Se RN com sonda orogástrica (SOG)	
		Testar a sonda antes de administrar a dieta.	Itens passíveis de Supervisão e/ou Auditoria Operacional.
		Aspirar o resíduo gástrico (RG) antes da administração da dieta.	
		Se em estado semicrítico	Tem registro no impresso UTI e Semi-Intensiva Pediátrica no espaço líquidos ingeridos, na coluna RG, nos horários correspondentes.
		Se em estado intermediário	Tem registro no impresso Controle de Ingeridos e Eliminados no espaço Alimentação, na coluna RG.
		Administrar a dieta de acordo com a diferença entre o volume da dieta prescrita e o RG aspirado. Descontar se RG for maior ou igual a 2 ml. do volume total da dieta ou conforme prescrição de enfermagem.	
		Se em estado semicrítico	Tem registro no impresso UTI e Semi-Intensiva Pediátrica no espaço líquidos ingeridos, na coluna Tipo e SNG (volume), nos horários correspondentes; não é necessário checar a prescrição médica.

PADRÕES E CRITÉRIOS DE ASSISTÊNCIA AO RN – BERÇÁRIO

NECESSIDADES HUMANAS BÁSICAS	PROCEDIMENTOS E CUIDADOS	DESCRIÇÃO SUMÁRIA DO PROCEDIMENTO	CRITÉRIOS
NUTRIÇÃO	Aleitamento materno, misto ou artificial	Se em estado intermediário	Tem registro no impresso Controle de Ingeridos e Eliminados no espaço Alimentação nas colunas Hora, Tipo e SNG (volume).
		Administrar a dieta por infusão intermitente lenta pela ação da gravidade (gavagem) ou bomba de infusão em casos específicos.	Supervisão e/ou Auditoria Operacional.
		Lavar a SOG com água após a dieta: Sonda estomacal infantil nº 4-0,5 ml Sonda estomacal infantil nº 6-1,0 ml	Supervisão e/ou Auditoria Operacional.
		Se em estado semicrítico	Tem registro no impresso UTI e Semi-Intensiva Pediátrica no espaço líquidos ingeridos, na coluna tipo e SNG (volume), nos horários correspondentes.
		Se em estado intermediário	Tem registro no impresso Controle de Ingeridos e Eliminados, no espaço Alimentação, nas colunas Hora, Tipo e SNG (volume).
	SG 5% por via oral	Oferecer com 4 horas de vida, conforme prescrição de enfermagem, excetuando-se os RN com controle de dextro.	Tem checado e rubricado no impresso Prescrição de Enfermagem e tem registro no impresso Anotação de Enfermagem do volume aceito.
HIDRATAÇÃO	Água por via oral	Oferecer água no mínimo uma vez nos plantões M, T e N. Se em estado semicrítico.	Tem registro no impresso UTI e Semi-Intensiva Pediátrica, no espaço Líquidos Ingeridos, na coluna Tipo e VO (volume) nos horários correspondentes.
		Se em estado intermediário	Tem registro no impresso Controle de Ingeridos e Eliminados no espaço Líquidos via oral, nas colunas Hora, Tipo e Volume.
	Água por sonda orogástrica	Considerar o volume utilizado para a lavagem da sonda após administração da dieta. Se em estado semicrítico.	Tem registro no impresso UTI e Semi-Intensiva Pediátrica, no espaço Líquidos Ingeridos, nas colunas tipo e SNG (volume), nos horários correspondentes.
		Se em estado intermediário	Tem registro no impresso Controle de Ingeridos e Eliminados no espaço Líquidos via oral nas colunas Hora, Tipo e Volume.
MECÂNICA CORPORAL	Sucção e deglutição	Observar o vigor da sucção e a deglutição durante o aleitamento materno, oferta de leite artificial, SG 5% ou água.	Tem registro no impresso Anotação de Enfermagem.
	Sucção não nutritiva	Realizar conforme prescrição de enfermagem.	

PADRÕES E CRITÉRIOS DE ASSISTÊNCIA AO RN – BERÇÁRIO

NECESSIDADES HUMANAS BÁSICAS	PROCEDIMENTOS E CUIDADOS	DESCRIÇÃO SUMÁRIA DO PROCEDIMENTO	CRITÉRIOS
MECÂNICA CORPORAL	Sucção não nutritiva	Se em estado semicrítico	Tem checado e rubricado no impresso UTI e Semi-Intensiva Pediátrica na coluna prescrição de enfermagem e tem registro no impresso Anotação de Enfermagem.
		Se em estado intermediário	Tem checado e rubricado no impresso Prescrição de Enfermagem e tem registro no impresso Anotação de Enfermagem.
INTEGRIDADE CUTÂNEO MUCOSA	Curativo do coto umbilical	Realizar às trocas de fraldas nos plantões M, T e N. Observar aspecto do coto umbilical (hiperemia, secreção, sangramento). Se coto umbilical com intercorrências, proceder conforme prescrição de enfermagem e/ou médica.	Tem registro no impresso Anotação de Enfermagem.
		Se em estado semicrítico	Tem checado e rubricado no impresso UTI Semi-Intensiva Pediátrica, na coluna prescrição de enfermagem e/ou Prescrição Médica e tem registro no impresso Anotação de Enfermagem.
		Se em estado intermediário ou baixo risco	Tem checado e rubricado no impresso Prescrição de Enfermagem e/ou Prescrição Médica e tem registro no impresso Anotação de Enfermagm.
		Se mãe participante acompanhar durante a execução do procedimento.	Supervisão e/ou Auditoria Operacional.
	Clampe de Cordão umbilical*	Avaliar as condições do coto umbilical e proceder a retirada do clampe após 24 horas do nascimento.	Tem registro no impresso Evolução de Enfermagem.
	Curativo da cicatriz umbilical	Realizar conforme prescrição de enfermagem.	
		Se em estado semicrítico	Tem checado e rubricado no impresso UTI e Semi-Intensiva Pediátrica na coluna Prescrição de Enfermagem e tem registro no impresso Anotação de Enfermagem.
		Se em estado intermediário	Tem checado e rubricado no impresso Prescrição de Enfermagem e tem registro no impresso Anotação de Enfermagem.
	Fissura em região corporal	Hidratar a pele com creme tópico, conforme prescrição de enfermagem. Observar as características da fissura	
		Se em estado semicrítico	Tem checado e rubricado no impresso UTI e Semi Intensiva Pediátrica na coluna prescrição de enfermagem e tem registro no impresso Anotação de Enfermagem.
		Se em estado intermediário ou baixo risco.	Tem checado e rubricado no impresso Prescrição de Enfermagem e tem registro no impresso Anotação de Enfermagem.

* Procedimento realizado pela enfermeira.

PADRÕES E CRITÉRIOS DE ASSISTÊNCIA AO RN – BERÇÁRIO

NECESSIDADES HUMANAS BÁSICAS	PROCEDIMENTOS E CUIDADOS	DESCRIÇÃO SUMÁRIA DO PROCEDIMENTO	CRITÉRIOS
INTEGRIDADE CUTÂNEO MUCOSA	Dermatite de fralda (assadura)	Realizar terapêutica conforme prescrição médica e/ou de enfermagem. Se em estado semicrítico	Tem checado e rubricado no impresso Prescrição Médica e/ou UTI e Semi-Intensiva Pediátrica na coluna prescrição de enfermagem e tem registro no impresso Anotação de Enfermagem.
		Se em estado intermediário	Tem checado e rubricado nos impressos Prescrição Médica e/ou de Enfermagem e tem registro no impresso Anotação de Enfermagem.
INTEGRIDADE FÍSICA	Curativo do local da inserção: – Cateter central (flebotomia) – Cateter percutâneo – Cateter umbilical	Realizar conforme prescrição de enfermagem. Observar aspecto do local (hiperemia, secreção, sangramento e edema).	Tem checado e rubricado no impresso UTI e Semi-Intensiva Pediátrica na coluna prescrição de enfermagem e tem registro no impresso Anotação de Enfermagem.
	Punção venosa	Verificar condições da rede venosa periférica (permeabilidade e aspecto do local da punção).	Supervisão e/ou Auditoria Operacional. Tem registro no impresso Anotação de Enfermagem.
TERAPÊUTICA	Administração de soro/Nutrição Parenteral Prolongada (NPP)	Administrar conforme prescrição médica.	Tem registro no impresso Prescrição Médica do início e término da infusão.
		Conferir dados de identificação da solução com a prescrição médica. Verificar a programação da bomba de infusão durante as passagens de plantão.	Itens passíveis de Supervisão e/ou Auditoria Operacional.
		Observar e controlar o volume e gotejamento.	Tem registro no impresso Anotação de Enfermagem das intercorrências (volume da solução não correspondendo ao horário estabelecido em relação a escala afixada na mesma e alterações de gotejamento).
		Se em estado semicrítico	Tem registro no impresso UTI e Semi-Intensiva Pediátrica no espaço líquidos infundidos na coluna soro ou NPP do volume instalado e após término o volume infundido.
	Administração de sangue e/ou derivados*	Realizar a conferência do nome completo, registro hospitalar, tipo sangüíneo da bolsa, com o resultado da tipagem sangüínea no prontuário do RN e número da bolsa. Verificar sinais vitais antes da instalação, durante e após a infusão conforme prescrição de enfermagem.	Tem checado e rubricado no impresso Hemocentro e tem registro no impresso Anotação de Enfermagem da conferência da bolsa.

* Procedimento realizado pela enfermeira.

PADRÕES E CRITÉRIOS DE ASSISTÊNCIA AO RN – BERÇÁRIO

NECESSIDADES HUMANAS BÁSICAS	PROCEDIMENTOS E CUIDADOS	DESCRIÇÃO SUMÁRIA DO PROCEDIMENTO	CRITÉRIOS
TERAPÊUTICA	Administração de sangue e/ou derivados*	Instalar o sangue e/ou derivados conforme prescrição médica.	Tem registro no impresso Prescrição Médica do início e término da infusão.
		Observar sinais e sintomas de reação adversa conforme prescrição de enfermagem.	
		Observar aspecto e quantidade de urina a cada eliminação, conforme prescrição de enfermagem.	
		Se em estado semicrítico	Tem registro no impresso UTI e Semi-Intensiva Pediátrica na coluna sinais vitais e tem checado e rubricado no impresso UTI e Semi-Intensiva Pediátrica na coluna prescrição de enfermagem.
		Se em estado intermediário	Tem checado e rubricado no impresso Prescrição de Enfermagem e tem registro no impresso Anotação de Enfermagem.
		Se em estado semicrítico	Tem registro no impresso UTI e Semi-Intensiva Pediátrica no espaço líquidos infundidos, volume instalado e o volume infundido.
	Administração de Medicamentos	Via Intramuscular Administrar conforme prescrição médica, nos horários e locais preconizados pela enfermeira.	Tem checado e rubricado no impresso Prescrição Médica.
		Via Endovenosa Administrar conforme prescrição médica.	Tem checado e rubricado no impresso Prescrição Médica.
		Se em estado semicrítico	Tem registro no impresso UTI e Semi-Instensiva Pediátrica no espaço líquidos infundidos na coluna medicação (med) do volume da solução utilizada para infusão da medicação.
		Se em estado intermediário	Tem checado e rubricado no impresso Prescrição Médica.
		Via oral Administrar conforme prescrição médica.	Tem checado e rubricado no impresso Prescrição Médica.
		Se em estado semicrítico	Tem registro no impresso UTI e Semi-Intensiva Pediátrica no espaço líquidos ingeridos na coluna tipo e VO (volume).
		Se em estado intermediário	Tem checado e rubricado no impresso Prescrição Médica.
		Administrar 2 gotas de vitamina K no momento da admissão conforme protocolo específico.	Tem registro no impresso Anotação de Enfermagem.

* Procedimento realizado pela enfermeira.

PADRÕES E CRITÉRIOS DE ASSISTÊNCIA AO RN – BERÇÁRIO

NECESSIDADES HUMANAS BÁSICAS	PROCEDIMENTOS E CUIDADOS	DESCRIÇÃO SUMÁRIA DO PROCEDIMENTO	CRITÉRIOS
TERAPÊUTICA	Administração de medicamentos	Via Sonda orogástrica (SOG) Administrar conforme prescrição médica.	Tem checado e rubricado no impresso Prescrição Médica.
		Se em estado semicrítico Lavar a sonda com água após administração com os seguintes volumes: – sonda estomacal infantil nº 4-0,5 ml – sonda estomacal infantil nº 6-1,0 ml	Tem registro no impresso UTI e Semi Intensiva Pediátrica no espaço líquidos ingeridos nas colunas tipo e SNG.
		Manter a sonda fechada por 30 min., após a administração da medicação, quando com sonda aberta.	Supervisão e/ou Auditoria Operacional
	RN em jejum com sonda para esvaziamento gástrico	Manter a extremidade distal da sonda em saco coletor.	Supervisão e/ou Auditoria Operacional.
		Mensurar o volume drenado no final de cada plantão, conforme prescrição de enfermagem.	Tem checado e rubricado no impresso UTI e Semi-Intensiva Pediátrica na coluna prescrição de enfermagem e tem registro no impresso UTI e Semi-Intensiva Pediátrica no espaço líquidos eliminados na coluna SNG (volume).
	Fototerapia	Verificar o nível de irradiação das lâmpadas por ocasião da instalação.	Tem registro no impresso Anotação de Enfermagem.
		Proteger a região ocular e genital.	Supervisão e/ou Auditoria Operacional.
		Verificar a irradiância conforme prescrição de enfermagem.	Tem checado e rubricado no impresso UTI e Semi-Intensiva Pediátrica na coluna prescrição de enfermagem ou no impresso Prescrição de Enfermagem e tem registro no impresso Anotação de Enfermagem.
		Verificar a temperatura corporal e do berço aquecido ou incubadora de 4/4 hs.	Tem registro no impresso Gráfico de Sinais Vitais com a respectiva legenda BA (mín, med, máx) + Foto* ou + Bili** ou I (temperatura da incubadora) + Foto ou + Bili.
		Mudar o decúbito conforme prescrição de enfermagem com as legendas padronizadas pelo SAE.	Tem checado e rubricado no impresso UTI e Semi-Intensiva Pediátrica na coluna prescrição de enfermagem ou no impresso Prescrição de Enfermagem.
		Hidratar conforme prescrição de enfermagem.	Tem checado e rubricado no impresso UTI e Semi-Intensiva Pediátrica na coluna prescrição de enfermagem ou no impresso Prescrição de Enfermagem.

* Aparelho para fototerapia com lâmpada fluorescente.
** Aparelho para fototerapia com lâmpada halógena.

PADRÕES E CRITÉRIOS DE ASSISTÊNCIA AO RN – BERÇÁRIO

NECESSIDADES HUMANAS BÁSICAS	PROCEDIMENTOS E CUIDADOS	DESCRIÇÃO SUMÁRIA DO PROCEDIMENTO	CRITÉRIOS
TERAPÊUTICA	Fototerapia	Se em estado semicrítico	Tem registro no impresso UTI e Semi-Intensiva Pediátrica no espaço líquidos ingeridos nas colunas Tipo, VO ou SNG (Volume).
		Se em estado intermediário	Tem registro no impresso Controle de Ingeridos e Eliminados no espaço líquidos via oral nas colunas Hora, Tipo e Volume.
		Observar aspecto das eliminações e da evolução da coloração da pele.	
		Se em estado semicrítico	Tem registro no impresso UTI e Semi-Intensiva Pediátrica na coluna Evolução de Enfermagem.
		Se em estado intermediário	Tem registro no impresso Evolução de Enfermagem.
		Se mãe participante orientar sobre o procedimento a ser realizado enfocando os itens inerentes ao autocuidado (mamadas, troca de fraldas, observação da manutenção da proteção ocular e genital, hidratação oral, mudança de decúbito).	Tem registro no impresso Anotação de Enfermagem. Supervisão e/ou Auditoria Operacional.
	Teste de Glicose no Sangue*	Realizar o controle com **3, 6, 12 e 24 horas de vida**, conforme prescrição de enfermagem para os RN de baixo risco: – Pequeno para Idade Gestacional (PIG) – Pré-termo (PT) – Anóxia moderada ou grave.	Tem checado e rubricado no impresso Prescrição de Enfermagem e tem registro do resultado no impresso Anotação de Enfermagem.
		Realizar o controle com **1, 3, 6, 12 e 24 horas de vida,** conforme prescrição de enfermagem para os RN de baixo risco: – Grande para idade gestacional (GIG) – Filho de mãe diabética – Filho de mãe que fez uso de Visken* (anti-hipertensivo) na gestação.	Tem checado e rubricado no impresso Prescrição de Enfermagem e tem registro do resultado no impresso Anotação de Enfermagem.
		Oferecer leite industrializado de 5 a 10 ml após controle de dextro, com 3 horas de vida, conforme protocolo estabelecido.	Tem checado e rubricado no impresso Prescrição de Enfermagem e tem registro no impresso Anotação de Enfermagem.
		Obs.: Os RN em estado semicrítico e intermediário têm o controle de dextro realizado pela equipe médica.	
	Teste de Glicose e Densidade Urinária	Realizar conforme prescrição de enfermagem.	
		Se em estado semicrítico	Tem checado e rubricado no impresso UTI e Semi-Intensiva Pediátrica na coluna prescrição de enfermagem e tem registro no impresso UTI e Semi-Intensiva Pediátrica no espaço líquidos eliminados na coluna DU/Glico.

* Procedimento realizado pela enfermeira.

PADRÕES E CRITÉRIOS DE ASSISTÊNCIA AO RN – BERÇÁRIO

NECESSIDADES HUMANAS BÁSICAS	PROCEDIMENTOS E CUIDADOS	DESCRIÇÃO SUMÁRIA DO PROCEDIMENTO	CRITÉRIOS
TERAPÊUTICA	Teste de Glicose e Densidade Urinária	Se em estado intermediário	Tem checado e rubricado no impresso Prescrição de Enfermagem e tem registro no impresso Anotação de Enfermagem.
PERCEPÇÃO DOLOROSA	Dor	Observar na prescrição médica a indicação de analgesia e sedação antes de procedimentos dolorosos e invasivos. Observar expressão facial, a movimentação corporal e o choro indicativos da presença de dor. Administrar medicações conforme prescrição médica.	Tem checado e rubricado no impresso Prescrição Médica o horário da administração da medicação. Tem registro no impresso Anotação de Enfermagem. Tem checado e rubricado no impresso Prescrição Médica o horário da administração da medicação.
CONFORTO	Posicionamento dos segmentos corpóreos	Manter os segmentos corpóreos alinhados. Manter em colchões especiais conforme prescrição de enfermagem.	Supervisão e/ou Auditoria Operacional. Tem checado e rubricado no impresso Prescrição de Enfermagem.
SONO E REPOUSO	Promoção do sono e repouso	Concentrar os cuidados e procedimentos de enfermagem limitando as manipulações, propiciando períodos de sono e repouso. Diminuir a intensidade da luz direta sobre a face do recém-nascido, utilizando lençol ou fralda na parte superior da incubadora.	Itens passíveis de Supervisão e/ou Auditoria Operacional.
RELIGIOSA	Ritual/Batismo	Garantir sob condições extremas. Permitir que a família ofereça ao RN apoio espiritual conforme a sua crença.	Tem registro no impresso UTI e Semi-Intensiva Pediátrica na coluna evolução de enfermagem ou Anotação de Enfermagem. Tem registro no impresso Anotação de Enfermagem.

DEPARTAMENTO DE ENFERMAGEM – HU-USP
UNIDADE DE TERAPIA INTENSIVA NEONATAL
PADRÕES E CRITÉRIOS DE ASSISTÊNCIA AO RECÉM-NASCIDO (RN)

NECESSIDADES HUMANAS BÁSICAS	PROCEDIMENTOS E CUIDADOS	DESCRIÇÃO SUMÁRIA DO PROCEDIMENTO	CRITÉRIOS
COMUNICAÇÃO	Interação Social	Identificar-se, junto aos pais, informando o nome e a categoria profissional por ocasião do primeiro contato.	Supervisão e/ou Auditoria Operacional.
		Informar à mãe, ao pai ou responsável sobre as normas, rotinas e área física da unidade, encaminhamentos externos e os profissionais envolvidos na assistência.	Tem registro no impresso Anotação de Enfermagem. Supervisão e/ou Auditoria Operacional.
		Fornecer manual de orientações da unidade.	Itens passíveis de Supervisão e/ou Auditoria Operacional.
		Orientar sobre a patologia e procedimentos a serem realizados com o RN.	
		Observar e incentivar a participação dos pais e familiares durante a internação.	
		Apoiar os pais e/ou familiares nas situações novas e estressantes respeitando o seu conhecimento e entendimento.	
		Favorecer precocemente o estabelecimento do vínculo afetivo com os pais.	
		Permitir a presença de objetos que contribuam para a estimulação essencial do RN.	
SEGURANÇA	Identificação	Conferir na admissão: – se o RN tem uma pulseira da identificação com o nome completo da mãe e o número de atendimento.	Supervisão e/ou Auditoria Operacional.
		– os dados de identificação e sexo do RN com o impresso Ficha do Recém-Nascido.	Tem rubricado no impresso Ficha do Recém-Nascido, no espaço recebdido por.
		Preencher o cartão de identificação do RN e afixar no leito.	Supervisão e/ou Auditoria Operacional.
		Conferir o cartão de identificação com a pulseira do RN nos plantões M, T e N.	Tem registro no impresso Anotação de Enfermagem.
		Controlar entrada de pessoas estranhas ao serviço.	Supervisão e/ou Auditoria Operacional.
	Transporte	Encaminhar em incubadora de transporte aos exames internos ou externos.	Supervisão e/ou Auditoria Operacional. Tem registro no impresso Anotação de Enfermagem por ocasião da saída e do retorno.
REGULAÇÃO TÉRMICA	Temperatura corporal	RN em incubadora ou berço aquecido verificar a temperatura corporal e do equipamento de 4/4 hs.	Tem registro no impresso Gráfico de Sinais Vitais a temperatura corporal e a do equipamento com a respectiva legenda: I = incubadora e BA=Berço Aquecido (BA=mín.; BA=med.; BA=máx.). Tem registro no impresso UTI e Semi-Intensiva Pediátrica no espaço sinais vitais na coluna T.

PADRÕES E CRITÉRIOS DE ASSISTÊNCIA AO RN – UTI NEONATAL

NECESSIDADES HUMANAS BÁSICAS	PROCEDIMENTOS E CUIDADOS	DESCRIÇÃO SUMÁRIA DO PROCEDIMENTO	CRITÉRIOS
REGULAÇÃO TÉRMICA	Temperatura corporal	Manter a temperatura da incubadora conforme prescrição de enfermagem.	Tem checado e rubricado no impresso UTI e Semi-Intensiva Pediátrica na coluna prescrição de enfermagem.
		Manter as extremidades aquecidas com luvas e botas (confeccionadas com algodão e atadura ou malha tubular, conforme prescrição de enfermagem. Manter pólo cefálico aquecido com gorro (confeccionado com malha tubular), conforme prescrição de enfermagem.	Tem checado e rubricado no impresso UTI e Semi-Intensiva Pediátrica na coluna prescrição de enfermagem.
REGULAÇÃO VASCULAR	Freqüência cardíaca (FC)	Verificar FC quando com terapêutica de drogas vasoativas conforme prescrição de enfermagem.	Tem checado e rubricado no impresso UTI e Semi-Intensiva Pediátrica na coluna prescrição de enfermagem e tem registro no impresso UTI e Semi-Intensiva Pediátrica no espaço Sinais Vitais na coluna FC.
		Verificar alterações quanto à FC.	Tem registro no impresso Anotação e/ou Evolução de Enfermagem.
	Monitorização (FC)	Monitorar FC por meio de equipamento.	Tem registro no impresso UTI e Semi-Intensiva Pediátrica na coluna Evolução de Enfermagem e tem registro no impresso Anotação de Enfermagem.
		Avaliar as condições da pele por ocasião da troca dos eletrodos.	Tem registro no impresso Anotação de Enfermagem.
		Manter a localização dos eletrodos (braços, região superior do tórax, região superior das coxas e a 2 cm abaixo do apêndice xifóide).	Supervisão e/ou Auditoria Operacional.
		Programar os limites máximo e mínimo da FC. Manter ligados os alarmes do equipamento, exceto durante a realização de procedimentos específicos (punção venosa, higienização e aleitamento materno).	Supervisão e/ou Auditoria Operacional.
	Pressão arterial (PA) Pressão venosa central (PVC)	Verificar conforme prescrição de enfermagem.	Tem registro no impresso UTI e Semi-Intensiva Pediátrica no espaço Sinais Vitais, na coluna PA e e PVC e checado e rubricado no mesmo impresso na coluna Prescrição de Enfermagem.
REGULAÇÃO CRESCIMENTO	Peso	Verificar no plantão M ou conforme prescrição de enfermagem.	Tem checado e rubricado no impresso UTI e Semi-Intensiva Pediátrica na coluna prescrição de enfermagem e tem registro nos impressos UTI e Semi-Intensiva Pediátrica e Gráfico de Sinais Vitais no espaço peso.

PADRÕES E CRITÉRIOS DE ASSISTÊNCIA AO RN – UTI NEONATAL

NECESSIDADES HUMANAS BÁSICAS	PROCEDIMENTOS E CUIDADOS	DESCRIÇÃO SUMÁRIA DO PROCEDIMENTO	CRITÉRIOS
OXIGENAÇÃO	Freqüência Respiratória (FR)	Verificar FR quando com terapêutica de drogas vasoativas conforme prescrição de enfermagem.	Tem checado e rubricado no impresso UTI e Semi-Intensiva Pediátrica na coluna prescrição de enfermagem e tem registro no impresso UTI e Semi-Intensiva Pediátrica no espaço sinais vitais, na coluna FR.
		Verificar alterações quanto à FR.	Tem registro no impresso Anotação e/ou Evolução de Enfermagem.
	Monitorização (FR)	Monitorar FR por meio de equipamento.	Tem registro no impresso UTI e Semi-Intensiva Pediátrica na coluna evolução de enfermagem e tem registro no impresso Anotação de Enfermagem.
		Avaliar as condições da pele por ocasião da troca dos eletrodos.	Tem registro no impresso Anotação de Enfermagem.
		Manter a localização dos eletrodos (braços, região superior das coxas e a 2 cm abaixo do apêndice xifóide).	Supervisão e/ou Auditoria Operacional.
		Programar os limites máximo e mínimo da FR. Manter ligados os alarmes do equipamento, exceto durante a realização de procedimentos específicos (punção venosa, higienização e aleitamento materno).	Supervisão e/ou Auditoria Operacional.
	O_2 na incubadora	Instalar o fluxômetro de O_2 com extensão na respectiva rede. Adaptar a extensão na entrada de O_2 da incubadora.	Itens passíveis de Supervisão e/ou Auditoria Operacional.
		Estabelecer fluxo de O_2 conforme prescrição médica.	Tem registro no impresso UTI e Semi-Intensiva Pediátrica no espaço incubadora e evolução de enfermagem o fluxo de O_2. Não é necessário checar a prescrição médica.
	Capuz	Observar padrão respiratório e método de administração de oxigênio de acordo com a prescrição médica.	Tem registro nos impressos UTI e Semi-Intensiva Pediátrica na coluna evolução de enfermagem e Anotação de Enfermagem; não é necessário checar a prescrição médica.
		Instalar os fluxômetros de O_2 e ar comprimido nas respectivas redes. Conectar o frasco do umidificador no fluxômetro de O_2 com água destilada estéril até o nível estabelecido. Ajustar as extensões de O_2 e ar comprimido no intermediário do capuz.	Itens passíveis de Supervisão e/ou Auditoria Operacional.
		Estabelecer os fluxos de O_2 e ar comprimido conforme prescrição médica.	Tem registro nos impressos UTI e Semi-Intensiva Pediátrica no espaço capuz e evolução de enfermagem e anotação de enfermagem os fluxos de O_2 e ar comprimido.

PADRÕES E CRITÉRIOS DE ASSISTÊNCIA AO RN – UTI NEONATAL

NECESSIDADES HUMANAS BÁSICAS	PROCEDIMENTOS E CUIDADOS	DESCRIÇÃO SUMÁRIA DO PROCEDIMENTO	CRITÉRIOS
OXIGENAÇÃO	Estimulação respiratória através de pressão positiva (luva oscilante)	Observar prescrição médica do uso de luva oscilante.	Tem registro no impresso UTI e Semi-Intensiva Pediátrica na coluna evolução de enfermagem; não é necessário checar a prescrição médica.
		Instalar a estimulação por pressão positiva através de uma luva de látex parcialmente cheia de gases, ligada ao ventilador a volume e pressão, colocada sob o tórax do RN.	Supervisão e/ou Auditoria Operacional.
		Observar crises de apnéia conforme prescrição de enfermagem.	Tem checado e rubricado no impresso UTI e Semi-Intensiva Pediátrica na coluna prescrição de enfermagem e tem registro no impresso Anotação de Enfermagem.
	Pressão positiva contínua das vias aéreas (CPAP)	Observar padrão respiratório e método de administração de O_2 de acordo com a prescrição médica.	Tem registro no impressos UTI e Semi-Intensiva Pediátrica na coluna evolução de enfermagem e anotação de enfermagem; não é necessário checar a prescrição médica.
		Instalar os fluxômetros de O_2 e ar comprimido com os redutores nas respectivas redes. Montar o circuito e conectar ao ventilador de forma asséptica. Adaptar o circuito à prong nasal. Ajustar a prong nasal fixando adequadamente na touca. Posicionar o RN em decúbito elevado e observar freqüentemente a adaptação da prong às narinas.	Itens passíveis de Supervisão e/ou Auditoria Operacional.
		Verificar os parâmetros programados no ventilador, nos plantões M, T e N e sempre que houver alteração dos mesmos.	Tem registro no impresso UTI Semi-Intensiva Pediátrica no espaço cuidados especiais em todas as colunas de ventilação mecânica.
		Instilar soro fisiológico nas narinas e aspirar as vias aéreas de acordo com a prescrição de enfermagem.	Tem checado e rubricado no impresso UTI Semi-Intensiva Pediátrica na coluna prescrição de enfermagem.
	Ventilação mecânica	Instalar os fluxômetros de O_2 e ar comprimido com os redutores nas respectivas redes. Montar o circuito e conectar ao ventilador de forma asséptica, protegendo a saída do paciente com gase estéril. Adaptar o circuito à cânula endotraqueal.	Itens passíveis de Supervisão e/ou Auditoria Operacional.
		Verificar os parâmetros programados no ventilador nos plantões M, T e N e sempre que houver alteração dos mesmos.	Tem registro no impresso UTI e Semi-Intensiva Pediátrica no espaço cuidados especiais em todas as colunas de ventilação mecânica.

PADRÕES E CRITÉRIOS DE ASSISTÊNCIA AO RN – UTI NEONATAL

NECESSIDADES HUMANAS BÁSICAS	PROCEDIMENTOS E CUIDADOS	DESCRIÇÃO SUMÁRIA DO PROCEDIMENTO	CRITÉRIOS
OXIGENAÇÃO	Ventilação mecânica	Verificar intubação, cânula e circuito.	Tem registro no impresso UTI e Semi-Intensiva Pediátrica, no espaço correspondente a esses dados, o dia da intubação, número de cânula e quantos dias de uso do circuito e sempre que houver alteração desses dados.
		Verificar intubação e fixação da cânula.	Tem registro no impresso UTI e Semi-Intensiva Pediátrica na coluna evolução de enfermagem a via (orotraqueal ou nasal) e condições do adesivo e no espaço correspondente a fixação e número da fixação.
	Oximetria de Ambiente	Verificar a concentração de O_2 no capuz ou na incubadora nos plantões M, T e N, de acordo com a prescrição de enfermagem.	Tem checado e rubricado no impresso UTI e Semi-Intensiva Pediátrica na coluna prescrição de enfermagem e tem registro da concentração de O_2 no impresso Anotação de Enfermagem.
	Oximetria de pulso	Instalar o sensor do equipamento nos MMSS ou MMII.	Supervisão e/ou Auditoria Operacional.
		Rodiziar os locais de instalação do sensor conforme prescrição de enfermagem.	Tem checado e rubricado no impresso UTI e Semi Intensiva Pediátrica na coluna prescrição de enfermagem.
		Verificar a saturação de O_2 de 4/4 hs.	Tem registro no impresso UTI e Semi-Intensiva Pediátrica no espaço cuidados especiais – ventilação mecânica na coluna SAO_2.
ELIMINAÇÃO	Vésico-intestinal	Observar presença ou ausência e as características das eliminações nos plantões M, T e N.	Tem registro no impresso UTI e Semi Intensiva Pediátrica no espaço líquidos eliminados, na coluna diurese/fezes e na coluna evolução de enfermagem.
		Controlar volume urinário e intestinal com saco coletor ou peso de fraldas conforme prescrição de enfermagem.	Tem checado e rubricado no impresso UTI e Semi Intensiva Pediátrica na coluna Prescrição de Enfermagem.
	Vômito	Observar presença e as características.	Tem registro no impresso UTI Semi Intensiva Pediátrica no espaço líquido eliminados na coluna vômito.
CUIDADO CORPORAL	Banho	Realizar no momento da admissão após avaliação hemodinâmica e ventilatória.	Tem registro no impresso Anotação de Enfermagem a realização do banho ou justificativa quando não realizado.
		Realizar no plantão M após avaliação hemodinâmica e ventilatória.	Tem registro no impresso Anotação de Enfermagem da realização do banho ou justificativa quando não realizado.
	Higiene oral e ocular	Realizar conforme prescrição de enfermagem.	Tem checado e rubricado no impresso UTI e Semi-Intensiva Pediátrica na coluna prescrição de enfermagem.
		Observar características da secreção ocular.	Tem registro no impresso Anotação de Enfermagem.

PADRÕES E CRITÉRIOS DE ASSISTÊNCIA AO RN – UTI NEONATAL

NECESSIDADES HUMANAS BÁSICAS	PROCEDIMENTOS E CUIDADOS	DESCRIÇÃO SUMÁRIA DO PROCEDIMENTO	CRITÉRIOS
CUIDADO CORPORAL	Higiene perineal	Realizar a cada eliminação.	Supervisão e/ou Auditoria Operacional.
	Unhas	Aparar conforme prescrição de enfermagem.	Tem checado e rubricado no impresso UTI e Semi-Intensiva Pediátrica na coluna prescrição de enfermagem.
NUTRIÇÃO	Aleitamento materno, misto ou artificial.	Esclarecer aos pais a importância do aleitamento materno e técnica de amamentação.	Tem registro no impresso Anotação de Enfermagem.
		Auxiliar a mãe durante a ordenha mamária ou amamentação.	Supervisão e/ou Auditoria Operacional.
		Oferecer dieta conforme prescrição médica.	Tem registro no impresso UTI e Semi-Intensiva Pediátrica da oferta no espaço líquidos ingeridos nas colunas Tipo e VO (volume); não é necessário checar a prescrição médica.
		Manter decúbito elevado durante e após a oferta da dieta. Manter RN em decúbito lateral direito ou ventral elevado após a oferta da dieta.	Itens passíveis de Supervisão e/ou Auditoria Operacional.
		Se RN com dieta por via oral (VO) – observar a sucção e deglutição durante as ofertas. Se RN com sonda orogástrica (SOG) – testar a posição da sonda antes de administrar a dieta.	Tem registro no impresso Anotação de Enfermagem. Supervisão e/ou Auditoria Operacional.
		Aspirar o resíduo gástrico (RG) antes da administração da dieta.	Tem registro no impresso UTI e Semi-Intensiva Pediátrica no espaço líquidos ingeridos na coluna RG nos horários correspondentes.
		Administrar a dieta de acordo com a diferença entre o volume da dieta prescrita e o RG aspirado. Descontar se RG maior ou igual a 2 ml do volume total da dieta ou conforme prescrição de enfermagem.	Tem registro no impresso UTI e Semi-Intensiva Pediátrica no espaço líquidos ingeridos na coluna tipo e SNG (volume) nos horários correspondentes.
		Administrar a dieta por infusão intermitente lenta pela ação da gravidade (gavagem) ou por bomba de infusão em casos específicos.	Supervisão e/ou Auditoria Operacional.
		Lavar a SOG com água após a dieta: sonda estomacal infantil nº 4-0,5 ml de água. sonda estomacal infantil nº 6-1,0 ml de água.	Supervisão e/ou Auditoria Operacional. Tem registro no impresso UTI e Semi-Intensiva Pediátrica no espaço líquidos ingeridos na coluna tipo e SNG (volume), nos horários correspondentes.
HIDRATAÇÃO	Água por sonda orogástrica	Considerar o volume utilizado para a lavagem da sonda após administração da dieta.	Tem registro no impresso UTI e Semi-Intensiva Pediátrica no espaço líquidos ingeridos na coluna tipo e SNG (volume), nos horários correspondentes.

PADRÕES E CRITÉRIOS DE ASSISTÊNCIA AO RN – UTI NEONATAL

NECESSIDADES HUMANAS BÁSICAS	PROCEDIMENTOS E CUIDADOS	DESCRIÇÃO SUMÁRIA DO PROCEDIMENTO	CRITÉRIOS
MECÂNICA CORPORAL	Sucção e deglutição	Observar o vigor da sucção e a deglutição durante o aleitamento materno e a oferta de leite artificial.	Tem registro no impresso Anotação de Enfermagem.
	Sucção não nutritiva	Realizar conforme prescrição de enfermagem.	Tem checado e rubricado no impresso UTI e Semi-Intensiva Pediátrica na coluna prescrição de enfermagem e tem registro no impresso Anotação de Enfermagem.
INTEGRIDADE CUTÂNEO MUCOSA	Curativo do coto umbilical	Realizar às trocas de fraldas nos plantões M, T e N. Observar aspecto do coto umbilical (hiperemia, secreção, sangramento). Se coto umbilical com intercorrências, prestar cuidados conforme prescrição de enfermagem e/ou médica.	Tem registro no impresso Anotação de Enfermagem. Tem checado e rubricado nos impressos UTI e Semi-Intensiva Pediátrica na coluna prescrição de enfermagem e/ou médica e tem registro no impresso Anotação de Enfermagem.
	Clampe de Cordão umbilical*	Avaliar as condições do coto umbilical e proceder a retirada do clampe após 24hs do nascimento.	Tem registro no impresso Anotação de Enfermagem.
	Curativo da cicatriz umbilical	Realizar conforme prescrição de enfermagem.	Tem checado e rubricado no impresso UTI e Semi-Intensiva Pediátrica na coluna prescrição de enfermagem e tem registro no impresso Anotação de Enfermagem.
	Fissura em região corporal	Hidratar a pele com creme tópico, conforme prescrição de enfermagem.	Tem checado e rubricado no impresso UTI e Semi-Intensiva Pediátrica na coluna prescrição de enfermagem.
		Observar as características das fissuras.	Tem registro no impresso Anotação de Enfermagem.
	Dermatite de fralda (assadura)	Realizar terapêutica conforme prescrição médica e/ou de enfermagem.	Tem checado e rubricado no impresso Prescrição Médica e/ou UTI e Semi-Intensiva Pediátrica na coluna prescrição de enfermagem e tem registro no impresso Anotação de Enfermagem.
INTEGRIDADE FÍSICA	Curativo do local da inserção: – Cateter central (flebotomia) – Cateter percutâneo – Cateter umbilical – Dreno de tórax	Realizar conforme prescrição de enfermagem. Observar aspecto do local (hiperemia, secreção, sangramento e edema).	Tem checado e rubricado no impresso UTI e Semi Intensiva Pediátrica na coluna prescrição de enfermagem e tem registro no impresso Anotação de Enfermagem.
	Punção venosa	Verificar condições da rede venosa periférica (permeabilidade e aspecto do local).	Supervisão e/ou Auditoria Operacional. Tem registro no impresso Anotação de Enfermagem.

* Procedimento realizado pela enfermeira.

PADRÕES E CRITÉRIOS DE ASSISTÊNCIA AO RN – UTI NEONATAL

NECESSIDADES HUMANAS BÁSICAS	PROCEDIMENTOS E CUIDADOS	DESCRIÇÃO SUMÁRIA DO PROCEDIMENTO	CRITÉRIOS
TERAPÊUTICA	Administração de soro/Nutrição Parenteral Prolongada (NPP)	Administrar conforme prescrição médica.	Tem registro no impresso Prescrição Médica do início e término da infusão.
		Conferir dados da identificação da solução com a prescrição médica. Verificar a programação da bomba de infusão durante as passagens de plantão.	Supervisão e/ou Auditoria Operacional.
		Observar e controlar o volume e gotejamento no máximo de 2/2 horas, comparando com a escala de horário fixada no frasco da solução.	Tem registro no impresso Anotação de Enfermagem das intercorrências (volume da solução não correspondendo ao horário estabelecido em relação a escala afixada na mesma e alterações de gotejamento) e tem registro no impresso UTI e Semi-Intensiva Pediátrica no espaço líquidos infundidos na coluna soro ou NPP do volume instalado e após término, o volume infundido.
	Administração de sangue e/ou derivados*	Realizar a conferência do nome completo, registro hospitalar, tipo sangüíneo da bolsa com o resultado da tipagem sangüínea no prontuário do RN e o número da bolsa.	Tem checado e rubricado no impresso do Hemocentro e tem registro no impresso Anotação de Enfermagem da conferência da bolsa.
		Verificar sinais vitais antes da instalação, durante e após a infusão, conforme prescrição de enfermagem.	Tem registro no impresso UTI e Semi-Intensiva Pediátrica na coluna sinais vitais. Tem checado e rubricado no impresso UTI e Semi-Intensiva Pediátrica na coluna prescrição de enfermagem.
		Instalar sangue e/ou derivados, conforme prescrição médica.	Tem registro no impresso Prescrição Médica do início e término da infusão e tem registro no impresso UTI e Semi-Intensiva Pediátrica no espaço líquidos infundidos o volume instalado e o volume infundido.
		Observar sinais e sintomas de reação adversa, conforme prescrição de enfermagem. Observar aspecto e quantidade de urina a cada eliminação, conforme prescrição de enfermagem.	Tem checado e rubricado no impresso UTI e Semi-Intensiva Pediátrica na coluna prescrição de enfermagem e tem registro no impresso Anotação de Enfermagem.
	Administração de Medicamentos	Via Intramuscular Administrar conforme prescrição médica, nos horários e locais preconizados.	Tem checado e rubricado no impresso Prescrição Médica.
		Via Endovenosa Administrar conforme prescrição médica.	Tem checado e rubricado no impresso Prescrição Médica. Tem registro no impresso UTI e Semi-Intensiva Pediátrica no espaço líquidos infundidos na coluna medicação (med) do volume da solução utilizado para infusão da medicação.

* Procedimento realizado pela enfermeira.

PADRÕES E CRITÉRIOS DE ASSISTÊNCIA AO RN – UTI NEONATAL

NECESSIDADES HUMANAS BÁSICAS	PROCEDIMENTOS E CUIDADOS	DESCRIÇÃO SUMÁRIA DO PROCEDIMENTO	CRITÉRIOS
TERAPÊUTICA	Administração de Medicamentos	Via sonda orogástrica (SOG) Administrar conforme prescrição médica.	Tem checado e rubricado no impresso Prescrição Médica.
		Lavar a sonda com água após administração com os seguintes volumes: sonda estomacal infantil nº 4-0,5 ml sonda estomacal infantil nº 6-1,0 ml	Tem registro no impresso UTI e Semi-Intensiva Pediátrica no espaço líquidos ingeridos nas colunas tipo e sonda nasogástrica (SNG).
		Manter a sonda fechada por 30 min., após a administração da medicação quando com sonda aberta.	Supervisão e/ou Auditoria Operacional.
	RN em jejum com sonda para esvaziamento gástrico	Manter a extremidade distal da sonda em saco coletor. Mensurar o volume drenado no final de cada plantão.	Supervisão e/ou Auditoria Operacional. Tem registro no impresso UTI e Semi-Intensiva Pediátrica no espaço líquidos eliminados, na coluna SNG e tem registro no impresso Anotação de Enfermagem das características da secreção drenada.
	Teste de glicose/cetona Densidade urinária	Realizar conforme prescrição de enfermagem.	Tem checado e rubricado no impresso UTI e Semi-Intensiva Pediátrica na coluna prescrição de enfermagem e tem registro no impresso UTI e Semi-Intensiva Pediátrica no espaço líquidos eliminados na coluna DU/Glico.
	Fototerapia	Verificar a irradiância das lâmpadas por ocasião da instalação da fototerapia. Proteger a região ocular e genital.	Tem registro no impresso Anotação de Enfermagem. Supervisão e/ou Auditoria Operacional. Tem registro da proteção ocular e genital no impresso Anotação de Enfermagem e tem checado e rubricado no impresso UTI e Semi-Intensiva Pediátrica na coluna prescrição de enfermagem.
		Verificar o nível de irradiação conforme prescrição de enfermagem.	Tem checado e rubricado no impresso UTI e Semi-Intensiva Pediátrica na coluna prescrição de enfermagem e tem registro no impresso Anotação de Enfermagem.
		Verificar a temperatura corporal e do berço aquecido ou incubadora de 4/4 hs.	Tem registro no impresso Gráfico de Sinais Vitais com a respectiva legenda BA (min, med, máx) + Foto* ou + Bili** ou I (temperatura) + Foto ou Bili.
		Mudar o decúbito conforme prescrição de enfermagem com as legendas padronizadas pelo SAE.	Tem checado e rubricado no impresso UTI e Semi-Intensiva Pediátrica na coluna prescrição de enfermagem.

* Aparelho para fototerapia com lâmpada fluorescente.
** Aparelho para fototerapia com lâmpada halógena.

PADRÕES E CRITÉRIOS DE ASSISTÊNCIA AO RN – UTI NEONATAL

NECESSIDADES HUMANAS BÁSICAS	PROCEDIMENTOS E CUIDADOS	DESCRIÇÃO SUMÁRIA DO PROCEDIMENTO	CRITÉRIOS
TERAPÊUTICA	Fototerapia	Hidratar conforme prescrição de enfermagem.	Tem checado e rubricado no impresso UTI e Semi-Intensiva Pediátrica na coluna prescrição de enfermagem e tem registro no impresso UTI e Semi-Intensiva Pediátrica no espaço líquidos ingeridos nas colunas Tipo, VO ou SNG (volume).
		Observar aspecto das eliminações.	Tem registro no impresso UTI e Semi-Intensiva Pediátrica no espaço eliminações na coluna diurese e fezes.
		Observar evolução da coloração da pele.	Tem registro no impresso UTI e Semi-Intensiva Pediátrica no espaço evolução de enfermagem.
	Exsangüíneo-transfusão	Preparar os equipamentos e material.	Supervisão e/ou Auditoria Operacional.
		Conferir o nome do paciente, número do atendimento, tipagem e volume do sangue antes de iniciar o procedimento.	Tem registro no impresso Anotação de Enfermagem.
		Posicionar o RN em berço aquecido com monitorização cárdiorrespiratória, oximetria de pulso e saco coletor para controle do volume urinário.	Supervisão e/ou Auditoria Operacional.
		Verificar os sinais vitais antes de iniciar o procedimento.	Tem registro no impresso UTI e Semi-Intensiva Pediátrica no espaço Sinais Vitais.
		Controlar os sinais e volume urinário de hora em hora nas primeiras 4 horas.	Tem checado e rubricado no impresso UTI e Semi-Intensiva Pediátrica na coluna prescrição de enfermagem e tem registro no impresso UTI e Semi-Intensiva Pediátrica no espaço sinais vitais e na coluna diuresse.
		Observar diurese, evacuação e distensão abdominal.	Tem registro no impresso Anotação de Enfermagem.
	Diálise Peritonial	Realizar os banhos conforme prescrição médica.	Supervisão e/ou Auditoria Operacional.
		Aquecer os banhos em calor seco (caixa de lâmpadas).	
		Controlar sinais vitais (FR, FC e PA).	Tem registro no impresso Folha de Prescrição e Controle de Diálise Peritonial Intermitente.
		Observar desconforto respiratório e reações dolorosas.	Tem registro no impresso Anotação de Enfermagem.
		Controlar a infusão e a drenagem. Observar as características do líquido drenado.	Tem registro no impresso Folha de Prescrição e Controle de Diálise Peritonial Intermitente o nº do banho, solução, infusão, drenagem e balanço.

PADRÕES E CRITÉRIOS DE ASSISTÊNCIA AO RN – UTI NEONATAL

NECESSIDADES HUMANAS BÁSICAS	PROCEDIMENTOS E CUIDADOS	DESCRIÇÃO SUMÁRIA DO PROCEDIMENTO	CRITÉRIOS
PERCEPÇÃO DOLOROSA	Dor	Observar na prescrição médica a indicação de analgesia e sedação antes de procedimentos dolorosos e invasivos.	Tem checado e rubricado no impresso Prescrição Médica o horário da administração da medicação.
		Observar expressão facial, a movimentação corporal e o choro indicativos da presença de dor.	Tem registro no impresso Anotação de Enfermagem.
		Administrar medicações conforme prescrição médica.	Tem checado e rubricado no impresso Prescrição Médica o horário da administração da medicação.
SONO E REPOUSO	Pomoção do sono e repouso	Concentrar os cuidados e procedimentos de enfermagem limitando as manipulações, propiciando períodos de sono e repouso, conforme prescrição de enfermagem.	Supervisão e/ou Auditoria Operacional. Tem checado e rubricado no impresso UTI e Semi-Intensiva Pediátrica na coluna prescrição de enfermagem.
		Diminuir a intensidade da luz direta sobre a face do RN, utilizando lençol ou fralda na parte superior da incubadora.	Supervisão e/ou Auditoria Operacional.
CONFORTO	Posicionamento dos segmentos corpóreos	Manter os segmentos corpóreos alinhados. Manter em colchões especiais conforme prescrição de enfermagem. Promover mudança de decúbito conforme prescrição de enfermagem.	Supervisão e/ou Auditoria Operacional. Tem checado e rubricado no impresso UTI e Semi-Intensiva Pediátrica na coluna prescrição de enfermagem.
RELIGIOSA	Ritual/Batismo	Garantir sob condições extremas.	Tem registro no impresso UTI e Semi-Intensiva Pediátrica na coluna evolução de enfermagem ou no impresso Anotação de Enfermagem.
		Permitir que a família ofereça ao RN apoio espiritual conforme a sua crença	Tem registro no impresso Anotação de Enfermagem.

DEPARTAMENTO DE ENFERMAGEM – HU-USP
PADRÕES E CRITÉRIOS DE ASSISTÊNCIA RELACIONADOS AO CONTROLE DE INFECÇÃO HOSPITALAR

NECESSIDADES HUMANAS BÁSICAS	PROCEDIMENTOS E CUIDADOS	DESCRIÇÃO SUMÁRIA DO PROCEDIMENTO	CRITÉRIOS
SEGURANÇA	Precaução padrão	Lavar as mãos com sabonete líquido. Utilizar luvas quando houver risco de contato com sangue, fluidos orgânicos, materiais contaminados, mucosa ou pele não íntegra. Utilizar máscara e óculos de proteção para proteger membranas, mucosa dos olhos, nariz e boca durante procedimentos que possam gerar respingos de sangue e outros fluidos orgânicos. Utilizar avental durante procedimentos que possam gerar respingos de sangue e outros fluidos orgânicos. Manipular cuidadosamente equipamentos, objetos perfuro-cortantes e roupas contaminadas com sangue e outros fluidos orgânicos. Descartar objetos perfuro-cortantes em recipientes apropriados, não reencapar as agulhas.	Itens passíveis de Supervisão e/ou Auditoria Operacional.
	Roupas	Manter a roupa limpa armazenada em carro próprio ou em armários. Desprezar as roupas em hamper, retirando-as no final de cada plantão e encaminhando-as ao local apropriado. Observar a retirada da roupa suja por turno, pelo funcionário da lavanderia e seu transporte em elevador específico.	Itens passíveis de Supervisão e/ou Auditoria Operacional.
	Limpeza concorrente da unidade do paciente	Lavar com água e sabão na presença de sangue ou fluidos orgânicos. Friccionar com pano embebido em álcool 70%.	Supervisão e/ou Auditoria Operacional.
	Limpeza terminal da unidade do paciente	Lavar com água e sabão, enxaguar e secar após a alta hospitalar, óbito ou transferência.	Supervisão e/ou Auditoria Operacional.
	Troca de berço, cama ou incubadora	Trocar a cada seis dias e proceder a limpeza terminal.	Tem checado e rubricado no cartão apropriado afixado no leito. Supervisão e/ou Auditoria Operacional.
	Troca de água destilada da incubadora	Trocar a cada 24 horas.	Tem checado e rubricado no cartão apropriado afixado no leito. Supervisão e/ou Auditoria Operacional.

PADRÕES E CRITÉRIOS DE ASSISTÊNCIA RELACIONADOS AO CONTROLE DE INFECÇÃO HOSPITALAR

NECESSIDADES HUMANAS BÁSICAS	PROCEDIMENTOS E CUIDADOS	DESCRIÇÃO SUMÁRIA DO PROCEDIMENTO	CRITÉRIOS
SEGURANÇA	Equipo de soro: simples bureta	Trocar a cada 72 horas.	Itens passíveis de Supervisão e/ou Auditoria Operacional.
	Equipo para dieta enteral	Trocar a cada 24 horas.	Supervisão e/ou Auditoria Operacional.
	Inalador	Trocar a cada 24 horas, mantendo seco e protegido após utilização.	Supervisão e/ou Auditoria Operacional.
	Umidificador	Utilizar água destilada estéril. Não completar o nível de água do recipiente. Proceder a esterilização ou desinfecção de alto nível após alta hospitalar, óbito ou transferência.	Itens passíveis de Supervisão e/ou Auditoria Operacional.
	Nebulizador	Utilizar água destilada estéril. Não completar o nível de água do recipiente. Proceder a esterilização ou desinfecção após alta, óbito ou transferência. Trocar a cada 24 horas.	Itens passíveis de Supervisão e/ou Auditoria Operacional.
	Circuito do ventilador	Trocar a cada 48 horas* Proceder a esterilização ou desinfecção de alto nível às trocas e após a alta hospitalar, óbito ou transferências.	Tem registro nos impressos UTI e Semi-Intensiva Pediátrica na coluna circuito e Anotação de Enfermagem Supervisão e/ou Auditoria Operacional.
	Frasco de aspiração	Trocar a cada 72 horas ou se necessário, conforme avaliação da enfermeira. Proceder a esterilização ou desinfecção após alta hospitalar, óbito ou transferência.	Itens passíveis de Supervisão e/ou Auditoria Operacional.

* Procedimento realizado pela enfermeira.

REFERÊNCIAS BIBLIOGRÁFICAS

AMERICAN NURSES ASSOCIATION. *Standards perioperative nursing pratice*. Kansas City. 40: The Association, 1981.

CASTELAR, R. M. et al. *Gestão hospitalar:* um desafio para o hospital brasileiro. 2ª ed. Editions ENSP, Rennes, France, 1995.

CIANCIARULLO, T. I. *C & Q:* Teoria e prática em auditoria de cuidados. 1 ed. São Paulo, Ícone Editora, 1997.

CONSTANZO, G. A.; VERTINSKI, I. Measuring the quality health care: a decision oriented typology. *Med. Care,* v. 13, n. 5, p. 417-31, 1975.

DONABEDIAN, A. *The critery and standards of quality.* Series: explorations in quality assessement and monitoring. Ann Arbor, Michigan, Health Administration. 1982, v. 2.

HORTA, W. A. *Processo de enfermagem.* São Paulo, EPU, 1979.

SILVA, S. H. *Controle de qualidade assistencial de enfermagem:* implementação de um modelo. São Paulo, 1994, 182 p. Tese (Doutorado) – Escola de Enfermagem, Universidade de São Paulo.

O processo de controle de qualidade na assistência perinatal

Sandra Andreoni
Lázara Maria Marques Ravaglio
Adriana Guadanucci
Lígia Fumiko Minami
Eliete Silva Cintra Martins

O controle de qualidade consiste em medir e avaliar componentes estruturais, de processos e de resultados, à luz de padrões e critérios preestabelecidos, acrescidos pelas alterações necessárias ao desenvolvimento e redimensionamento de condutas.

Segundo CIANCIARULLO (1988) o controle de qualidade da assistência de enfermagem visa a uma abordagem sistematizada do processo de análise dos cuidados de enfermagem prestados, objetivando o alcance das metas estabelecidas, para assegurar e implementar a excelência da assistência cuidativa legalmente assumida pelos serviços de saúde.

SILVA (1994) refere que o controle, embora possa parecer o último passo de um processo, constitui apenas o elo de uma cadeia que, alimentada continuamente, impulsiona as organizações para o desenvolvimento e pela melhoria de seus processos e resultados.

Os trabalhos acadêmicos de OLIVEIRA (1982), CIANCIARULLO (1988) e SILVA (1994) realizados nesta instituição, aprofundaram o tema controle de qualidade, subsidiando reformulação e contribuindo para o aperfeiçoamento do sistema.

A operacionalização destes processos foi reformulada em 1995, por um grupo de enfermeiros do HU-USP, treinados em curso de padrões e auditoria, quando esforços concentrados fizeram parte das estratégias para sensibilizar um maior número de enfermeiros, das diferentes unidades assistenciais, quanto à importância da auditoria para exercer conscientemente o papel de criadores, implementadores e controladores da assistência prestada ao paciente. A estimulação desses enfermeiros gerando, a produção de diversos trabalhos científicos em auditoria.

O GEPA é constituído por enfermeiros-auditores de todas as unidades assistenciais, que realizam o processo de auditoria de áreas previamente estabelecidas pelo presidente do grupo e diferente de sua área de lotação. Cada enfermeiro analisa prontuários, participa de reuniões e elabora relatórios periódicos.

O grupo reune-se, ordinariamente, uma vez ao mês, conforme cronograma entregue aos enfermeiros no início de cada semestre. Quando necessário, o presidente reune extraordinariamente o grupo, a partir de convocação formal. Nessas reuniões são discutidas dificuldades e experiências vivenciadas visando a homogeneização do processo de trabalho pelo grupo, assim como a elaboração dos relatórios de avaliação.

Os enfermeiros assumem um compromisso mínimo de dois anos de participação, podendo ser desligados por não cumprirem as normas do Regimento Interno ou por vontade própria.

No período de um mês, os auditores procedem à análise de até três prontuários, conforme a variação do grupo, que flutua devido às férias, licenças ou qualquer outra impossibilidade de auditar.

AUDITORIA DE PROCESSO

Consiste em verificar o nível de observância aos padrões, por meio dos critérios assistenciais estabelecidos para o paciente, de acordo com a unidade de internação, em vários momentos da trajetória do paciente e uma análise dos processos de trabalho envolvidos nessa trajetória, para correção de eventuais desvios (SILVA, 1994).

A auditoria de processo pode ser operacionalizada utilizando-se dois métodos de levantamento de dados, *auditoria retrospectiva* e *auditoria operacional*.

AUDITORIA RETROSPETIVA

A auditoria retrospectiva caracteriza-se pela análise da relação entre os critérios estabelecidos e os dados encontrados na revisão de prontuários, após a alta do paciente.

Para operacionalizar o processo de auditoria retrospectiva criaram-se instrumentos específicos, com a finalidade de avaliar a qualidade da assistência de enfermagem no serviço. Estes instrumentos foram fundamentados nas normas estabelecidas pelo SAE e nos critérios estabelecidos pelas unidades, passíveis de análise retrospectiva.

A auditoria retrospectiva vem sendo realizada no HU-USP desde 1981, na área de assistência à saúde da mulher e do recém-nascido no período perinatal, compreendendo as unidades de Centro Obstétrico (CO), Berçário (BE), Terapia Intensiva Neonatal (UTI Neonatal) e Alojamento Conjunto (AC).

Ao longo desses anos, o processo sofreu alterações e adequações às necessidades observadas pelo GEPA, pelo Grupo de Estudos do Sistema de Assistência de Enfermagem (GESAE), enfermeiros assistenciais e diretoria do Departamento de Enfermagem, sendo que a última modificação ocorreu em 1996, resultando em novos instrumentos.

• CRITÉRIOS DE SELEÇÃO DE PRONTUÁRIO

Os prontuários para análise são selecionados aleatoriamente entre todos os pacientes que receberam alta hospitalar das unidades de AC e BE, perfazendo um total de quatro prontuários por unidade, acrescidos de um prontuário por unidade, sorteados dentre os óbitos ocorridos no mês.

O prontuário do AC contém registros relativos ao período de internação da mãe e do RN. O prontuário do BE contém registros relativos ao RN patológico que é assistido no BE e/ou UTI Neonatal, garantindo-se que, pelo menos, um prontuário de UTI seja analisado a cada mês.

Selecionados os prontuários, a listagem fica à disposição dos auditores no Serviço de Apoio Educacional (SEd), juntamente com os impressos a serem preenchidos, analisados e entregues até o dia 10 do mês subseqüente.

• OPERACIONALIZAÇÃO

Instruções e critérios foram elaborados para o preenchimento do Instrumento Geral de Análise da Assistência de Enfermagem (ANEXO I) para uniformizar a coleta dos dados, subsidiando o relatório final, que será interpretado posteriormente pelo grupo de auditores.

O instrumento utilizado para operacionalizar o processo de auditoria é composto de 31 itens, agrupados em oito áreas.

Cada área analisa parte da assistência de enfermagem prestada ao binômio mãe-filho, descrita a seguir:

ÁREA I – LEVANTAMENTO DE DADOS

Consiste na verificação da identificação de todos os impressos que serão auditados (legitimidade dos prontuários); análise da entrevista e exame físico da admissão; análise da listagem de problemas do período de internação.

Itens que compõem a Área I:
1. Tem identificação em todos os impressos auditados no prontuário.
2. Tem registro da entrevista e exame físico de entrada realizados por enfermeiro.
3. A listagem de problemas contém todos os problemas identificados nos impressos auditados.
4. A listagem de problemas evidencia pelo menos um problema de natureza psicossocioespiritual.
5. Os problemas identificados e listados tem data de identificação, abordagem, resolução ou condições específicas de controle.

ÁREA II – EVOLUÇÕES DE ENFERMAGEM

Refere-se à análise de cada uma das evoluções realizadas durante a internação, para verificação da qualidade das mesmas, face aos problemas levantados pelo enfermeiro, os encontrados pelo auditor, os resultados das condutas e o levantamento de novos problemas.

Itens que compõem a Área II:
6. Há uma evolução diária com data, horário, assinatura e COREN.
7. Evolução diária possibilita visão geral das condições do paciente.
8. Evolução descreve comparativamente as condições e o resultado dos cuidados prestados.
9. Os problemas identificados na anotação têm sua indicação garantida na evolução de enfermagem posterior.
10. Existe uma evolução de enfermagem quando presente alguma alteração nas condições gerais do paciente.

ÁREA III – PRESCRIÇÕES DE ENFERMAGEM

Constitui-se da análise de cada uma das prescrições de enfermagem durante o período de internação, para averiguação das condutas prescritas, frente aos problemas levantados e sua execução.
Itens que compõem a Área III:
11. Há uma prescrição de enfermagem diária com data, horário, assinatura e COREN.
12. Prescrição aborda todos os problemas levantados na evolução que a antecede.
13. Os itens da prescrição de enfermagem obedecem às determinações do conteúdo do SAE.
14. Os cuidados prescritos foram checados, rubricados ou circulados e justificados.

ÁREA IV – ANOTAÇÕES DE ENFERMAGEM

Refere-se à verificação das anotações realizadas por toda a equipe de enfermagem e análise das mesmas em consonância com as ações propostas nas prescrições de enfermagem e intercorrências apresentadas pelo binômio mãe-filho.
Itens que compõem a Área IV:
15. Há, pelo menos, uma anotação descritiva em cada plantão com data, horário, assinatura e função.
16. Anotação de enfermagem responde aos itens da prescrição.
17. Os sinais gráficos das unidades correspondentes devem estar validados pela anotação ou justificados quando não realizados.

ÁREA V – EXECUÇÃO DE PRESCRIÇÕES MÉDICAS

Consiste na verificação da prescrição médica constatando o seu cumprimento, assim como a existência de prescrição de cuidados de enfermagem pelo médico.

Itens que compõem a Área V:
18. Medicação checada, rubricada ou circulada e justificada.
19. Tratamento checado, rubricado ou circulado e justificado.
20. Não existem indicações de medidas de enfermagem na prescrição médica.

ÁREA VI – PROCEDIMENTOS DE ENFERMAGEM

Refere-se à análise dos procedimentos executados, determinados pelos critérios estabelecidos pela unidade de procedência do paciente.
Itens que compõem a Área VI:
21. Controle dos sinais vitais.
22. Há registro de higiene corporal diária.
23. Existe descrição dos resultados dos procedimentos prescritos pelo enfermeiro.
24. Controle de líquidos ingeridos e eliminados registrados.

ÁREA VII – CONDIÇÕES DE ALTA

Análise da evolução de alta, onde se indicam as condições físicas e emocionais da mãe e físicas do recém-nascido, faz parte desta área, bem como todas orientações ministradas aos familiares e à mãe, no que concerne a cuidados e continuidade do tratamento.
Itens que compõem a Área VII:
25. Evolução contém orientações prestadas ao paciente.
26. Evolução de saída indica as condições físicas e emocionais do paciente na ocasião da alta.
27. Existe agendamento para consulta de enfermagem ou não na evolução de alta.

ÁREA VIII – CONSULTA DE ENFERMAGEM

Refere-se à análise da consulta de retorno realizada pelo enfermeiro do berçário e alojamento conjunto, onde é verificado o registro dos resultados dos cuidados e alterações do recém-nascido e da mãe, ocorridos no domicílio, bem como a assimilação da mãe ou responsável acerca das orientações voltadas para o autocuidado.
Itens que compõem a Área VIII:
28. Existe indicação da presença ou ausência do paciente à consulta de enfermagem.
29. Existe evolução indicando as condições da consulta.
30. Problemas levantados na listagem foram abordados nas condutas/orientações.
31. Consulta de enfermagem com data, horário, assinatura e COREN.

Na análise do prontuário, cada item do INSTRUMENTO GERAL DE ANÁLISE DA ASSISTÊNCIA DE ENFERMAGEM recebe valores correspondentes de acordo com o julgamento do auditor, conforme quadro abaixo:

PONTUAÇÃO	INDICADORES DE ALCANCE	
3	80 a 100% de concordância	EXCELENTE
2	50 a 79% de concordância	INCOMPLETO
1	0 a 49% de concordância	INSUFICIENTE
0	–	NÃO PERTINENTE

As áreas (conjunto de itens) são igualmente caracterizadas por estes valores. Esta pontuação indica os itens e áreas que alcançaram os níveis de excelência e aquelas que não atingiram os níveis preestabelecidos. Para alcançar o nível assistencial de excelência, o conjunto de itens e áreas deve atingir no mínimo 80% do valor 3, no máximo 15% do valor 2 e 5% do valor 1.

O conjunto de dados obtidos pode ser processado manualmente ou pode alimentar um *software*, cujo programa realiza a tabulação dos mesmos e fornece relatório mensal constando os itens que alcançaram o nível de excelência e aqueles que foram considerados insuficientes. As observações que os auditores demonstraram no instrumento de análise e que foram consideradas importantes, também subsidiam um redimensionamento do processo cuidativo e educativo.

A análise dos dados levantados por meio destes instrumentos oferece, quando visualizados item por item, os níveis de alcance dos critérios estabelecidos e, quando visualizados área por área, uma visão da atuação dos diferentes grupos profissionais. Correspondendo às áreas I (levantamento de dados), II (evoluções de enfermagem), III (prescrições de enfermagem), VII (condições de alta), VIII (consulta de enfermagem) à atuação dos enfermeiros e IV (anotações de enfermagem), V (execução de prescrições médicas) e VI (procedimentos de enfermagem) à atuação dos demais profissionais da equipe.

A visualização do hospital como um todo pode ser obtida comparando-se e relacionando-se os resultados do processo de auditoria representando as diferentes áreas entre si.

AUDITORIA OPERACIONAL

A auditoria operacional consiste na verificação *in loco* de como se processa a assistência de enfermagem prestada ao paciente, relacionando os critérios estabelecidos pela unidade, com a execução de procedimentos e a estrutura do processo vigente, ou seja, o que, como e quem executa. (ANDREONI; RAVAGLIO, 1997).

A programação da auditoria operacional é planejada pelo GEPA, não se divulgando a data aprazada, objetivando o levantamento de dados referentes a procedimentos específicos, podendo envolver apenas uma unidade ou o hospital como um todo, quando se tratar de procedimentos comuns a todas as unidades. O centro obstétrico, devido às suas especificidades técnicas é auditado por enfermeira obstétrica (lotada em outra unidade).

Para implantação nas unidades em tela, foram elaborados instrumentos, conforme critérios estabelecidos por cada uma delas, abrangendo procedimentos relacionados ao paciente, a equipamentos e materiais e a recursos estruturais. Visando agilizar a observação e análise dos dados, bem como instrumentalizar a prática dos procedimentos nas unidades, foram criadas áreas, a partir do agrupamento de itens, para atender às necessidades humanas básicas em consonância com os padrões e critérios estabelecidos. Como exemplo destacamos nos anexos II e III a unidade de centro-obstétrico.

Esta forma, pretende também, oferecer um protótipo didático de orientações aos funcionários em relação aos itens dos procedimentos a serem considerados para avaliação de desempenho.

ÁREA I
SEGURANÇA

Garantia da segurança por meio da identificação dos pacientes com pulseira, conferida com impressos durante os plantões, aos procedimentos, encaminhamentos, transferências e alta, bem como condições de segurança dos equipamentos, integridade física do paciente, prevenção de infecção hospitalar e segurança do funcionário.

ÁREA II
INTERAÇÃO/ORIENTAÇÃO

Verificação da interação dos pais e/ou familiares, com o RN e equipe de enfermagem, bem como orientações sobre rotinas e normas da unidade, patologias, procedimentos e cuidados com o RN.

ÁREA III
TRANSPORTE

Garantia de encaminhamentos com transporte seguro e adequado.

ÁREA IV
CUIDADOS ESSENCIAIS

Condições para a satisfação das necessidades humanas básicas não afetadas de nutrição, higiene, eliminações, sono e repouso e ambiente (privacidade), incluindo o conceito de "casulo" descrito no capítulo 5.

ÁREA V
TERAPÊUTICA

A verificação da execução dos procedimentos ocorre conforme critérios estabelecidos.

ÁREA VI
CONDIÇÕES DE EQUIPAMENTOS E MATERIAIS

Adequação e manutenção dos equipamentos e materiais para uso, conforme critérios estabelecidos pela Instituição.

Cabe destacar que alguns itens podem compreender mais de uma necessidade humana básica, sendo, no entanto, identificado por aquela considerada prevalente.

Os quadros I e II, possibilitam uma visão geral de todas as áreas e seu conteúdo em cada unidade, propiciando a observação de pontos comuns e específicos de cada uma delas.

Os instrumentos são constituídos por itens que contemplam as especificidades de cada unidade, aos quais se atribuem valores 3, 1 ou 0, sendo valor 3 quando o procedimento observado é considerado correto; valor 1 quando não realizado ou incompleto e valor 0 (não pertinente) quando o item não pôde ser avaliado, devido a fatores que inviabilizaram a observação.

A análise dos resultados das auditorias operacional e retrospectiva, na forma de relatório, é encaminhada ao Diretor do Departamento, Diretores de Divisão, Serviço de Educação Continuada e às Unidades, passando a ser objeto de discussão entre os auditores, enfermeiros assistenciais e chefias, visando o esclarecimento dos critérios utilizados pelos auditores e a reconceituação do dimensionamento dos processos educativos e controle em nível assistencial na própria unidade auditada.

REFERÊNCIAS BIBLIOGRÁFICAS

ANDREONI, S.; RAVAGLIO, L. M. M. *A hemodiálise em questão:* opção pela qualidade assistencial, cap.8, Ícone, 1997.

CIANCIARULLO, T.I. *Análise retrospectiva da qualidade da assistência de enfermagem em um Hospital Universitário.* São Paulo, 1988. 243p. Tese (Livre Docência) - Escola de Enfermagem, Universidade de São Paulo.

OLIVEIRA, S. da S. G. de. *Auditoria de enfermagem:* uma experiência em um hospital universitário. São Paulo, 1982. 95p. Dissertação (Mestrado) - Escola de Enfermagem, Universidade de São Paulo.

SILVA, S. H. *Controle da Qualidade Assistencial de Enfermagem - Implementação de um modelo.* São Paulo, 1994. 182p. Tese (Doutorado) - Escola de Enfermagem, Universidade de São Paulo.

QUADRO I – INDICATIVO DE NÚMERO DE ITENS QUE COMPÕEM AS UNIDADES DA ÁREA MATERNO-INFANTIL DO HU-USP OBJETO DE AUDITORIA OPERACIONAL

Unidades itens / Área	I Identificação Segurança	II Interação Orientação	III Transporte	IV Cuidados Essenciais	V Terapêutica	VI Condições de Equipamentos
Centro Obstétrico/ Parturiente	1	2 a 8	9	10 e 11	12 a 41	42 a 47
Centro Obstétrico/ RN	1 a 3	4	5	6 a 8	9 a 12	13 a 26
Alojamento Conjunto/ RN	1 a 4	5 a 19	20	21	22 a 29	30 a 37
Berçário	1 a 4	5 a 13	14 e 15	16 a 21	22 a 37	38 a 48
UTI/Neonatal	1 e 2	3 a 10	11	12 a 17	18 a 33	34 a 46

QUADRO II – RESUMO DOS PROCEDIMENTOS COMUNS DAS UNIDADES DA ÁREA MATERNO-INFANTIL DO HU-USP OBJETO DE AUDITORIA OPERACIONAL

Unidades / Áreas	CO Parturiente	CO Recém-nascido	Berçário	Alojamento Conjunto	UTI Neonatal
Área I Segurança	Pulseira com nome completo e número de atendimento.	Pulseira com nome completo da mãe e número de atendimento.	Identificação e sexo do RN conferidos com a Ficha do RN.	Identificação e sexo do RN conferidos com a Ficha do RN.	Identificação e sexo do RN conferidos com a Ficha do RN.
		Pulseira e sexo do RN conferidos junto à mãe.	Pulseiras do RN e da mãe conferidas a cada mamada.	Pulseiras do RN e da mãe conferidas, mostrando o sexo do RN à puérpera.	
		RN mantido no local de reanimação até o momento do transporte.	Cartão de identificação do RN afixado no leito.		Cartão de identificação do RN afixado no leito.
			Pulseiras do RN e da mãe conferidas no momento da transferência para o AC.	Pulseiras da mãe e RN conferidas a cada turno.	
				Cama com grades em casos específicos.	
			Troca do berço comum, aquecido e incubadora conforme estabelecido pela CCIH.	Troca do berço comum, aquecido conforme estabelecido pela CCIH.	Troca do berço comum, aquecido e incubadora conforme estabelecido pela CCIH.
	Troca dos equipos de infusão conforme estabelecido pela CCIH.		Troca dos equipos de infusão conforme estabelecido pela CCIH.	Troca dos equipos de infusão conforme estabelecido pela CCIH.	Troca dos equipos de infusão conforme estabelecido pela CCIH.

QUADRO II – RESUMO DOS PROCEDIMENTOS COMUNS DAS UNIDADES DA ÁREA MATERNO-INFANTIL DO HU-USP OBJETO DE AUDITORIA OPERACIONAL

Áreas \ Unidades	CO Parturiente	CO Recém-nascido	Berçário	Alojamento Conjunto	UTI/Neonatal
Área I Segurança	Troca e proteção dos inaladores conforme preconizado.		Troca e proteção dos inaladores conforme estabelecido pela CCIH.	Troca e proteção dos inaladores conforme estabelecido pela CCIH.	Troca e proteção dos inaladores conforme estabelecido pela CCIH. Troca de circuito dos respiradores conforme preconizado pela CCIH.
			Troca da água esterilizada da incubadora conforme estabelecido pela CCIH.		Troca da água esterilizada da incubadora conforme estabelecido pela CCIH
	Utilização de precauções padrão conforme estabelecido pela CCIH.	Utilização de precauções padrão conforme estabelecido pela CCIH.	Utilização de precauções padrão conforme estabelecido pela CCIH.	Utilização de precauções padrão conforme estabelecido pela CCIH.	Utilização de precauções padrão conforme estabelecido pela CCIH.
Área II Interação e Orientação	Apresentação da equipe de enfermagem à parturiente. Orientação aos familiares sobre a evolução do trabalho de parto. Orientação à gestante sobre o início do trabalho de parto.		Apresentação da equipe de enfermagem aos pais.	Apresentação da equipe de enfermagem à puérpera.	Apresentação da equipe de enfermagem aos pais.

QUADRO II – RESUMO DOS PROCEDIMENTOS COMUNS DAS UNIDADES DA ÁREA MATERNO-INFANTIL DO HU-USP OBJETO DE AUDITORIA OPERACIONAL

Unidades / Áreas	CO Parturiente	CO Recem-nascido	Berçário	Alojamento Conjunto	UTI neonatal
Área II Interação e Orientação	Orientação à parturiente sobre os procedimentos durante a internação.			Orientação sobre os procedimentos na presença de patologias.	
			Conhecimento da área física, normas e rotinas da unidade.	Conhecimento da área física, normas e rotinas da unidade.	Conhecimento da área física, normas e rotinas da unidade.
			Orientação aos pais sobre a patologia, procedimentos e encaminhamentos externos.	Orientação sobre o estado do RN internado no berçário ou UTI.	Orientação aos pais sobre a patologia, procedimentos e encaminhamentos externos.
				Recebimento do manual de orientações da unidade.	Recebimento do manual de orientação da unidade.
				Apresentação às demais puérperas.	
	Apoio em situações novas e estressantes.		Apoio em situações novas e estressantes.	Apoio em situações novas e estressantes.	Apoio em situações novas e estressantes.
	Favorecimento da visita ao pré-parto.				
	Favorecimento do vínculo afetivo, informações sobre o sexo e condições do nascimento.	Favorecimento do vínculo afetivo.	Favorecimento do vínculo afetivo e contato físico.	Favorecimento do vínculo afetivo do trinômio e participação ativa.	Favorecimento do vínculo afetivo.

QUADRO II – RESUMO DOS PROCEDIMENTOS COMUNS DAS UNIDADES DA ÁREA MATERNO-INFANTIL DO HU-USP OBJETO DE AUDITORIA OPERACIONAL

Áreas \ Unidades	CO Parturiente	CO Recém-nascido	Berçário	Alojamento Conjunto	UTI/Neonatal
Área II Interação e Orientação			Observação e providências por ausência dos pais.	Observação e providências por ausência do cônjuge e/ou familiares.	Observação e providências por ausência dos pais.
			Acompanhamento e orientações à mãe sobre os cuidados de higiene e alimentação do RN.		
			Orientação da mãe participante quanto à fototerapia.	Orientação da puérpera quanto RN em fototerapia.	
			Conhecimento dos pais relacionados a importância do aleitamento materno e técnica de amamentação.	Orientação quanto à técnica da amamentação.	Incentivo ao aleitamento materno.
				Orientação quanto à matrícula na UBS, registro civil, consulta de enfermagem, curativo umbilical e modificações fisiológicas do RN.	

QUADRO II – RESUMO DOS PROCEDIMENTOS COMUNS DAS UNIDADES DA ÁREA MATERNO-INFANTIL DO HU-USP OBJETO DE AUDITORIA OPERACIONAL

Unidades / Áreas	CO Parturiente	CO Recém-nascido	Berçário	Alojamento Conjunto	UTI/Neonatal
Área III Transporte	Adequação do transporte da puérpera.	Adequação do transporte do RN.	Adequação do transporte do RN.	Adequação do transporte da puérpera e RN.	Adequação do transporte do RN.
Área IV Cuidados Essenciais	Privacidade da parturiente na unidade. Estímulo ao esvaziamento da bexiga no pré-parto	Manutenção da temperatura corpórea após o nascimento. Manutenção da temperatura durante o período de estabilização. Manutenção da temperatura durante o transporte.	Cuidados durante e após a oferta da dieta. Higiene perineal após as eliminações. Manipulações limitadas propiciando sono e repouso. Intensidade da luz diminuída na incubadora. Segmentos corpóreos alinhados em "casulo".	Puérpera em quarto privativo em casos específicos. Higiene perineal.	Cuidados durante e após a oferta da dieta. Higiene perineal após as eliminações. Manipulações limitadas propiciando sono e repouso. Intensidade da luz diminuída na incubadora. Segmentos corpóreos alinhados em "casulo"

QUADRO II – RESUMO DOS PROCEDIMENTOS COMUNS DAS UNIDADES DA ÁREA MATERNO-INFANTIL DO HU-USP OBJETO DE AUDITORIA OPERACIONAL

Unidades / Áreas	CO Parturiente	CO Recém-nascido	Berçário	Alojamento Conjunto	UTI/Neonatal
Área V Terapêutica		Manutenção e validação de medicamentos de urgência diluídos na sala de estabilização. Coleta de sangue para exames e encaminhamento da placenta para anátomo-patológico conforme critérios.			
	Controle da infusão e permeabilidade da rede venosa.		Controle da infusão e permeabilidade da rede venosa.	Controle da infusão e permeabilidade da rede venosa.	Controle da infusão e permeabilidade da rede venosa.
	Uso de monitor cardiofetal independente de patologias obstétricas.				
	Uso de monitor cardiofetal em patologias obstétricas.				
				Repouso em DLE em portadores de patologias obstétricas.	
	Administração de sulfato de magnésio conforme técnica.			Administração de sulfato de magnésio conforme técnica.	
	Aparelhos de pressão arterial não invasivos e cuidados específicos nos casos de DHEG.				

QUADRO II – RESUMO DOS PROCEDIMENTOS COMUNS DAS UNIDADES DA ÁREA MATERNO-INFANTIL DO HU-USP OBJETO DE AUDITORIA OPERACIONAL

Unidades / Áreas	CO Parturiente	CO Recém-nascido	Berçário	Alojamento Conjunto	UTI/Neonatal
Área V Terapêutica	Cuidados específicos com placenta prévia. Uso de aparelho de pressão arterial não invasivo, oxímetro e monitor cardíaco em parturientes submetidas à anestesia geral, peridural e raqui.	Observação se o APGAR foi verificado no 1º, 5º e 10º minuto de vida.	Adequação do RN em fototerapia. Auxílio à mãe durante a amamentação e/ou ordenha. Administração da dieta por sonda conforme técnica. Cuidados com medicação e controle de drenagem de SOG aberta.	Sonar Doppler para ausculta dos batimentos cardiofetais.	Adequação do RN em fototerapia. Auxílio à mãe durante a amamentação e/ou ordenha. Administração da dieta por sonda conforme técnica. Cuidados com medicação e controle de drenagem de SOG aberta.

QUADRO II – RESUMO DOS PROCEDIMENTOS COMUNS DAS UNIDADES DA ÁREA MATERNO-INFANTIL DO HU-USP OBJETO DE AUDITORIA OPERACIONAL

Unidades / Áreas	CO Parturiente	CO Recém-nascido	Berçário	Alojamento Conjunto	UTI/Neonatal
Área V Terapêutica	Observação dos procedimentos técnicos referentes ao parto (encaminhamento à sala de parto, anti-sepsia, anestesia, episiotomia, período de dequitação e episiorrafia e 4º período). Observação das condições clínicas e obstétricas para a liberação ao alojamento conjunto.	Fixação adequada da cânula de intubação. Observação da validade e técnica de uso do Nitrato de Prata a 1%.	Instalação de luva oscilante. Observação dos limites e alarmes dos monitores de FC e FR. Oxímetro de pulso instalado adequadamente.		Aquecimento da solução de diálise peritonial por calor seco. Instalação de luva oscilante. Observação dos limites e alarmes dos monitores de FC e FR. Oxímetro de pulso instalado adequadamente.

QUADRO II – RESUMO DOS PROCEDIMENTOS COMUNS DAS UNIDADES DA ÁREA MATERNO-INFANTIL DO HU-USP OBJETO DE AUDITORIA OPERACIONAL

Unidades / Áreas	CO Parturiente	CO Recém-nascido	Berçário	Alojamento Conjunto	UTI/Neonatal
Área VI Condições de Equipamentos	Manutenção do material de ventilação mecânica de parto.	Equipamentos testados e adaptados durante o preparo da unidade de reanimação. Manutenção de materiais junto à unidade de reanimação. Controle do fluxo de O_2 e vácuo. Controle do fluxo O_2 e umidificação	Equipamentos testados antes do uso.	Equipamentos testados antes do uso. Controle do fluxo de O_2 e vácuo. Carro de emergência em condições de uso.	Equipamentos testados antes do uso. Controle do fluxo de O_2 e ar comprimido. Proteção e fixação adequada do circuito do respirador.

ANEXO I
INSTRUMENTO GERAL DE ANÁLISE DA ASSISTÊNCIA DE ENFERMAGEM – AUDITORIA RETROSPECTIVA

hospital universitário
universidade de são paulo

PAIENTE:　　　　　　　RH:　　　　　　　SEXO:　　　　IDADE:
DATA DE ADMISSÃO: / /　　DATA DE SAÍDA / /　　Nº DE DIAS ANALISADOS:
CLÍNICA AUDITADA:　　　AUDITOR:　　COREN:　　CLÍNICA DO ADITOR:

I. LEVANTAMENTO DE DADOS

CLASSIFICAÇÃO	SIM	INCOMPLETO	NÃO	NP	%	OBSERVAÇÃO
1. Tem identificação em todos os impresso auditados do prontuário.						
2. Tem registro da entrevista e exame físico de entrada realizados por enfermeiro.						
3. A listagem de problemas contém todos os problemas identificados nos impressos auditados.						TPL = TPE =
4. A listagem de problemas evidencia pelo menos um problema de natureza psicosócioespiritual.						
5. Os problemas identificados e listados tem data de identificação, abordagem, resolução ou condições específicas de controle.						

II. EVOLUÇÕES DE ENFERMAGEM

DATA DOS DIAS DE INTERNAÇÃO											OBS.
6. Há uma evolução diária com data, horário, assinatura e coren.	0										
7. Evolução diária possibilita visão geral das condições do paciente.	0										
8. Evolução descreve comparativamente as condições e o resultado dos cuidados prestados.	0										
9. Os problemas identificados na anotação tem sua indicação garantida na evolução de enfermagem posterior.											
10. Existe uma evolução de enfermagem quando presente alguma alteração nas condições gerais do paciente.											

III. PRESCRIÇÃO DE ENFERMAGEM

DATA DOS DIAS DE INTERNAÇÃO														OBS.
11. Há uma prescrição de enfermagem diária com data, horário, assinatura e COREN.														
12. Prescrição aborda todos os problemas levantados na evolução que a antecede.														
13. Os itens da prescrição de enfermagem obedecem às determinações do conteúdo do SAE.														
14. Os cuidados prescritos foram checados, rubricados ou circulados e justificados.														

IV. ANOTAÇÕES DE ENFERMAGEM

15. Há pelo menos uma anotação descritiva em cada plantão com data, horário, assinatura e função.														
16. Anotação de enfermagem responde aos itens da prescrição.														
17. Os sinais gráficos das unidades correspondentes devem estar validados pela anotação ou justificados quando não realizados.														

V. EXECUÇÃO DE PRESCRIÇÕES MÉDICAS

18. Medicação checada, rubricada ou circulada e justificada.														
19. Tratamento checado, rubricado ou circulado e justificado.														
20. Não existe indicações de medidas de enfermagem na prescrição médica.														

VI. PROCEDIMENTOS DE ENFERMAGEM

21. Controle dos sinais vitais.														
22. Há registro de higiene corporal diária.														
23. Existe descrição dos resultados dos procedimentos prescritos pelo enfermeiro.														
24. Controle de líquidos ingeridos e eliminados registrados.														

VII. CONDIÇÕES DE ALTA						
CLASSIFICAÇÃO	*SIM*	*INCOMPLETO*	*NÃO*	*NP*	*%*	*OBSERVAÇÃO*
25. Evolução contém orientações prestados ao paciente.						
26. Evolução de saída indica as condições físicas e emocionais do paciente na ocasião da alta.						
27. Existe agendamento de retorno de enfermagem ou não na evolução de alta.						
VIII. CONSULTA DE ENFERMAGEM						
28. Existe indicação da presença ou ausência do paciente a consulta de enfermagem.						
29. Existe evolução indicando as condições da consulta.						
30. Problemas levantados na listagem foram abordados nas condutas/orientações.						
31. Consulta de enfermagem com data, horário, assinatura e COREN.						

hospital universitário
universidade de são paulo

ANEXO II
INSTRUMENTO ESPECÍFICO DE ANÁLISE DA ASSISTÊNCIA DE ENFERMAGEM
AUDITORIA OPERACIONAL - CENTRO OBSTÉTRICO - PARTURIENTE

DATA DA AUDITORIA: __ / __ / __   HORÁRIO (INÍCIO E TÉRMINO) _____ AS _____
AUDITOR: _____ COREN: _____ CLÍNICA DO AUDITOR: _____

PROCEDIMENTO E DESCRIÇÃO	SIM	NÃO	NP	OBSERVAÇÃO
I. SEGURANÇA				
1. Verificar se a parturiente tem pulseira de identificação com nome competo e número de atendimento.				
2. Verificar se são cumpridas as normas de precauções padrão.				
3. Verificar se os equipos com bureta estão instalados a menos de 72 horas.				
4. Verificar se os equipos de PVC estão instalados a menos de 24 horas.				
5. Verificar se os equipos da bomba de infusão estão instalados a menos de 24 hs.				
6. Verificar se os inaladores estão instalados a menos de 24 horas.				
7. Verificar se os inaladores são mantidos secos e protegidos após a utilização.				
II. INTERAÇÃO/ORIENTAÇÃO				
8. Verificar se os membros da equipe de enfermagem apresentam-se às pacientes informando nome e categoria profissional por ocasião do primeiro contato.				
9. Verificar se a gestante fora de trabalho de parto é orientada sobre os sinais e sintomas do início do trabalho de parto.				
10. Verificar se a parturiente foi orientada sobre os procedimentos realizados durante todo o período de permanência da unidade.				
11. Verificar se a parturiente tem apoio da equipe de enfermagem, em situações novas, estressantes, respeitando seu conhecimento entendimento.				
12. Verificar se foi favorecida visita de familiares no pré-parto.				
13. Verificar se os familiares estão orientados sobre a evolução do trabalho de parto e condições do nascimento do RN, caso estejam preentes no hospital.				
14. Verificar se após o nascimento o RN é colocado junto à mãe informando-a sobre as condições de nascimento e sexo.				

PROCEDIMENTO E DESCRIÇÃO	SIM	NÃO	NP	OBSERVAÇÃO
III. TRANSPORTE				
15. Verificar se a puérpera em estado grave é transportada à UTI em cama com grades.				
IV. CUIDADOS ESSENCIAIS				
16. Verificar se a parturiente tem privacidade durante todo o período de permanência na unidade.				
17. Verificar se a parturiente foi estimulada a esvaziar a bexiga durante a permanência no pré-parto.				
V. TERAPÊUTICA				
18. Verificar se a equipe está observando a permeabilidade e local da punção venosa.				
19. Verificar se o gotejamento de soro com ocitócico está sendo avaliado após a dinâmica uterina.				
20. Verificar se a parturiente é mantida monitorizada continuamente com monitor cardiofetal para avaliação dos batimentos fetais e dinâmica uterina.				
21. Verificar se nos casos de DHEG é mantido aparelho de pressão arterial não invasa.				
22. Verificar se nos casos de DHEG, amniorrexe prematura, trabalho de parto prematuro e placenta prévia, a parturiente é monitorizada continuamente com o monitor cardio-fetal, para a avaliação dos batimentos cardiofetais e dinâmica uterina.				
23. Verificar se é mantida, nos casos de DHEG, cânula de Guedel disponível ao lado do leito, cateter de O_2, cama com grades, repouso absoluto, ambiente calmo e na penumbra.				
24. Verificar se o sulfato de magnésio EV ou IM é administrado quando realizado anteriormente à avaliação de reflexo patelar positivo, diurese maior ou igual a 100 ml em 4 horas, freqüência respiratória maior ou igual a 16/min.				
25. Manter preparado gluconato de cálcio a 10% na administração EV ou IM de sulfato de magnésio.				
26. Verificar se a administração de sulfato de magnésio IM profundo é realizada com agulha 80 x 5 ou similar.				
27. Verificar se nos casos de descolamento prematuro de placenta, é avaliada a presença de batimentos cardiofetais por meio de monitor cardiofetal.				
28. Verificar se está sendo mantido contra indicação do toque vaginal, se placenta prévia.				

PROCEDIMENTO E DESCRIÇÃO	SIM	NÃO	NP	OBSERVAÇÃO
V. TERAPÊUTICA (Continuação)				
29. Verificar se a paciente é mantida em repouso absolutos e placenta prévia.				
30. Verificar indicadores de encaminhamento da parturiente à sala de parto: 8 a 10 cm de dilatação.				
31. Verificar se a anti-sepsia das mãos e antebraços está sendo realizada com anti-séptico degermante pelo profissional que realizará o parto.				
32. Verificar a técnica de paramentação.				
33. Verificar se a anti-sepsia da região perineal e terço médio da coxa está sendo realizada com anti-séptico aquoso.				
34. Verificar se o bloqueio em leque, no nervo pudendo direito está sendo realizado de acordo com a técnica, com xylocaína e 2% sem adrenalina, mais ou menos 20 ml.				
35. Verificar se a episiotomia médio lateral direita foi realizada após a avaliação da musculatura perineal e no momento da contração.				
36. Verificar se o períneo foi protegido com compressa.				
37. Verificar se o polo cefálico foi protegido durante o desprendimento.				
38. Verificar se na presença de circular de cordão, a mesma foi afrouxada.				
V. TERAPÊUTICA				
39. Verificar se houve auxílio no movimento de rotação externa do polo cefálico.				
40. Verificar se o pólo cefálico serviu como alavanca para o desprendimento do acrômio superior e inferior.				
41. Verificar se a forma de apreensão do polo cefálico e córmico foi segura.				
42. Verificar se a placenta teve dequitaçõ espontânea e se foi executada a manobra de Jacobs.				
43. Verificar se a placenta foi avaliada quanto a integridade das membranas, cotilédones, veias e artéria e inserção do cordão umbilical.				
44. Verificar se após o término da episiorrafia foi retirado o tampão vaginal (quando utilizado) e realizado toque bimanual.				
45. Verificar se a enfermeira está observando constantemente a contratilidade uterina, quantidade e aspecto da perda vaginal durante o 4º período clínico.				

PROCEDIMENTO E DESCRIÇÃO	SIM	NÃO	NP	OBSERVAÇÃO
V. TERAPÊUTICA (Continuação)				
46. Verificar se na ocorrência de distocia, foram tomadas providências imediatas.				
47. Verificar se a enfermeira está observando as condições clínicas e obstétricas (nível de consciência, sinais vitais, contratilidade uterina, sangramento e condições de episiorrafia) antes de liberá-la para o alojamento conjunto.				
48. Verificar se a parturiente submetida a anestesia geral, peridural e raquidiana tem instalado o oxímetro de pulso, aparelho de pressão arterial não invasiva e monitor cardíaco.				
VI. CONDIÇÕES DE EQUIPAMENTOS				
49. Verificar se é mantido em condições de uso na sala de parto normal e cesárea o material para ventilação mecânica.				

hospital universitário
universidade de são paulo

ANEXO III
INSTRUMENTO ESPECÍFICO DE ANÁLISE DA
ASSISTÊNCIA DE ENFERMAGEM
AUDITORIA OPERACIONAL - CENTRO OBSTÉTRICO - RN

DATA DA AUDITORIA: __ / __ / __   HORÁRIO (INÍCIO E TÉRMINO) _____ ÀS _____
AUDITOR: _____ COREN: _____ CLÍNICA DO AUDITOR: _____

PROCEDIMENTO E DESCRIÇÃO	SIM	NÃO	NP	OBSERVAÇÃO
I. SEGURANÇA				
1. Verificar se o RN foi identificado com pulseira, contendo o nome completo da mãe e número de atendimento.				
2. Verificar se foi conferido junto a mãe e sexo do RN e a pulseira de identificação.				
3. Verificar se o RN é mantido dentro da sala de parto ou estabilização até o momento do transporte.				
4. Verificar se são cumpridas as normas de precauções padrão.				
5. Verificar se os equipos com bureta estão instalados a menos de 72 horas.				
6. Verificar se os equipos de PVC estão instalados a menos de 24 horas.				
7. Verificar se os equipos da bomba de infusão estão instalados a menos de 24 horas.				
8. Verificar se os inaladores estão instalados a menos de 24 horas.				
9. Verificar se os inaladores são mantidos secos e protegidos após utilização.				
II. INTERAÇÃO/ORIENTAÇÃO				
10. Verificar se a equipe favorece precocemente o vínculo afetivo, colocando o RN junto a mãe logo após o nascimento.				
III. TRANSPORTE				
11. Verificar se o encaminhamento do RN ao berçário ou UTI neonatal foi realizado em berço comum ou incubadora de transporte aquecida em 37ºC.				
IV. CUIDADOS ESSENCIAIS				
12. Verificar se o RN foi enxugado logo após o nascimento em campo esterilizado e envolvido em outro campo seco.				
13. Verificar se o RN foi mantido em berço aquecido, em temperatura máxima, durante sua estabilização.				
14. Verificar se o RN é envolvido em lençol e cobertor para transporte.				

PROCEDIMENTO E DESCRIÇÃO	SIM	NÃO	NP	OBSERVAÇÃO
V. TERAPÊUTICA				
15. Verificar se são mantidos, na sala de estabilização do RN, os medicamentos diluídos e preparados em seringa no máximo por 24 horas como: adrenalina, bicarbonato de sódio a 10% e atropina.				
16. Verificar se é coletado sangue para exames, de RN proveniente de parto com bolsa rota há mais de 24 horas ou com baixo peso, e encaminhada a placenta para exame anátomo-patológico.				
17. Verificar se a data de validade do Nitrato de Prata a 1% está sendo observada.				
18. Verificar se está sendo instilada uma gota de nitrato de prata a 1% na pálpebra inferior de cada olho, seguida de secagem com gaze.				
19. Verificar se a cânula está fixada adequadamente no lábio superior com a graduação da cânula correspondente na gengiva superior.				
VI. CONDIÇÕES DE EQUIPAMENTOS				
20. Verificar se os fluxômetros da rede de vácuo e O_2 e o recusssitador manual foram testados durante o preparo do berço para reanimação.				
21. Verificar se a sonda para aspiração (nº 6 ou 8) está adaptada durante o preparo da unidade de reanimação.				
22. Verificar se o laringoscópio e as lâminas foram testadas e mantidas junto com as cânulas na unidade de reanimação do RN.				
23. Verificar se a caixa de cateterismo umbilical é mantida na sala de estabilização do RN.				
24. Verificar se a máscara de oxigenação está adaptada de acordo com o tamanho do RN.				
25. Verificar se a pressão do vácuo é controlada durante a aspiração.				
26. Verificar se o fluxo de O_2 foi controlado e umidificado até a estabilização do RN.				
27. Verificar se o ressuscitador manual está adaptado ao intermediário da cânula de intubação.				

Implicações do controle de qualidade na assistência perinatal

capítulo 7

Tamara Iwanow Cianciarullo

A despeito das grandes inovações tecnológicas e avanços na assistência à saúde reprodutiva da mulher, os resultados da assistência perinatal têm surpreendido os cientistas e pesquisadores da área. Não se têm indicações de melhoria da qualidade de vida ou de resultados da assistência prestada ao binômio mãe-filho e muito menos ao trinômio mãe-pai-filho.

Hoje, percebe-se como necessária a articulação da tecnologia com outros aspectos da assistência à saúde, tais como sensibilidade aos problemas da mulher e da família advindos do processo de gestação desejado ou não, individualização da assistência visando facilitar a adaptação da mulher e de sua família ao novo ser e, principalmente, o preparo e a orientação para que esta família tenha condições de assumir funções cuidativas de longo prazo.

A qualidade de vida é um indicador competente do resultado dos serviços de saúde prestados ao cliente, principalmente por ser determinado pelo processo da doença ou agravo em si, como pelos procedimentos utilizados para o seu tratamento, cuidado e cura, afirma CIANCIARULLO (1998), em suas considerações sobre "cidadania e qualidade de vida".

A questão, no entanto, na presente obra, direciona-se para um contexto que nunca foi considerado como um "agravo ou doença", ao contrário, o período perinatal, constitui um momento único no cenário da saúde onde presumivelmente, tratamento e cura não seriam os pressupostos básicos dos processos assistenciais, mas sim o acompanhamento e os cuidados no período pré-natal, no período transparto e no período puerperal da mulher com seu récem-nascido.

Esta configuração do processo assistencial a ser garantido à mulher durante o período perinatal, não tem se caracterizado como uma iniciativa de sucesso em nosso país, como destaca TANAKA no capítulo 1, quando afirma que "as taxas de mortalidade materna e perinatal, continuam apresentando valores muito elevados e que as causas de óbito materno são devidas em mais de 90% a causas obstétricas diretas entre as quais as doenças hipertensivas específicas da gravidez, as hemorragias, as infecções puerperais e os abortos".

Este quadro representa um descaso, um descompromisso, uma agressão (in)visível das instituições de saúde em geral com a mulher brasileira. TANAKA ainda, no capítulo 1, afirma que 90% das mortes maternas, poderiam ser evitadas com um adequado atendimento no período pré-natal, parto e puerpério.

As instituições hospitalares brasileiras oferecem um panorama geral, onde se destacam os 40% de partos cirúrgicos (cesarianas), percentual que, se analisado especificadamente em algumas instituições, chegaria a responder por cerca de 90 a 95% de todos os partos realizados. As conseqüências deste abuso, segundo TANAKA, refletem não apenas a alta incidência da mortalidade materna, mas também na alta mortalidade perinatal.

Neste contexto, este livro procura suprir de forma simples e direta, com instrumentos, estratégias de trabalho e análise, alguns aspectos negligenciados da assistência à parturiente, à puérpera e seu récem-nascido, de forma a subsidiar processos de controle de qualidade, passíveis de serem implantados em hospitais, podendo inclusive ser adaptados para utilização em outros cenários, como "casas de parto", clínicas e unidades de saúde.

O controle de qualidade dos serviços prestados à mulher em processo de parturição e puerpério, caracteriza-se por uma abordagem sistematizada da assistência cuidativa prestada à mulher e ao seu concepto no hospital, na busca dos indicadores de alcance das metas (padrões de assistência) estabelecidas, expressas pelos critérios. Estes aspectos já foram suficientemente descritos e discutidos em capítulos anteriores.

Aqui pretende-se discutir a questão das implicações decorrentes de um processo de implantação de controle de qualidade.

Em primeiro lugar, há que se responder aos seguintes questionamentos:

- por que empreender esta iniciativa e para que serve o controle de qualidade assistencial?
- que processos deverão sofrer modificações ou ser redesenhados?
- quais serão as mudanças necessárias nos procedimentos existentes?
- quem será o responsável pelo projeto ou trabalho?

Esclarecer estas questões no âmbito de todos os participantes do processo de implantação de um programa inovador como o que se propõe nesta obra é inquestionavelmente o princípio do sucesso do empreendimento.

Definir e caracterizar as necessidades de implantação de um novo método ou processo de "ver" a realidade do trabalho realizado, em função das formas de fazer e das formas de analisar e medir os resultados obtidos, são pressupostos fundamentais do alcance da iniciativa.

Todas as categorias funcionais são encorajadas a participar e envolver-se com as atividades de mudança, objetivando-se com isto, desmitificar o processo de controle da assistência, enquanto apenas uma forma de controle das atividades profissionais e ocupacionais.

O objeto do controle da qualidade assistencial direciona-se hoje para uma visão prospectiva da qualidade de vida dos usuários dos serviços de saúde e não para as formas de punição dos "culpados" pelos baixos indicadores de desempenho obtidos.

Ou seja, melhorando a qualidade das intervenções, dos cuidados e dos procedimentos institucionais, certamente melhorar-se-ão os resultados e conseqüentemente os indicadores de morbidade e mortalidade maternas.

Nesta fase, discutem-se os padrões já existentes ou a serem redefinidos em função do processo de controle da qualidade.

A seguir, é necessária a definição, dos processos que deverão sofrer modificações ou serem redesenhados à luz das alterações necessárias para alcance dos padrões ou objetivos estabelecidos. A visualização dos critérios identificados como variáveis selecionadas sob a forma de indicadores relevantes da qualidade da assistência, faz parte da análise dos procedimentos, ações e intervenções de enfermagem a serem modificadas ou implantadas.

Esta fase caracteriza-se como uma das mais produtivas de todo o processo, visto envolver processos de pensamento voltados para uma análise crítico-construtiva e desconstrutiva dos procedimentos, das ações e das intervenções preconizadas pela experiência e pela literatura de enfermagem, subsidiadas pelos conhecimentos básicos dos processos de controle da qualidade de serviços.

Estes processos redirecionam o pensar e o fazer da enfermagem, em função das estruturas físicas e funcionais (condições das áreas, quadros efetivos de pessoal, categorias etc.), dos processos de trabalho (integral, funcional etc.) e dos resultados (situações de aprendizagem validadas pelas pacientes), para um novo cenário profissional: o da responsabilidade direta pela QUALIDADE DA ASSISTÊNCIA DE ENFERMAGEM prestada pela equipe e da responsabilidade indireta pela QUALIDADE DE VIDA da paciente e do seu recém-nascido, como conseqüência desta assistência.

MUDANDO O ESCOPO

Procurar melhorar os procedimentos, as ações e os processos de intervenção, sempre foi um objetivo muito bem situado no referencial prático da enfermagem.

No entanto, a busca de melhoria nos processos de trabalho visando a melhoria dos resultados deste trabalho, é recente e ainda muito pouco divulgada na área da enfermagem e menos ainda na área da saúde.

Algumas instituições já fazem uso dos princípios da gestão da qualidade, mas estas iniciativas ainda são incipientes no Brasil.

O Hospital Universitário da Universidade de São Paulo é uma das instituições hospitalares brasileiras que buscou, desde a sua inauguração, estabelecer o controle da qualidade da assistência de enfermagem, de forma contínua e regular. Restringe-se, porém, tão somente à área da enfermagem.

O escopo do controle da qualidade redireciona os processos de gestão, promovendo uma forma diferenciada de gerenciar recursos humanos, alocar recursos financeiros e definir necessidades de novas tecnologias, centradas na cliente e nas necessidades por ela percebidas, além do enfoque tradicional, determinado pelos detentores do saber e do fazer, no domínio obstétrico.

Por outro lado, este processo define formalmente aspectos a serem valorizados ou destacados na organização, visto que os resultados são vivenciados e analisados pelos próprios agentes construtores dos critérios utilizados para obtenção dos indicadores de desempenho das unidades ou serviços, que se encontram situados no epicentro do atendimento à cliente e apresentam-se com suas capacidades de percepção direcionadas para as necessidades desta cliente e de sua família.

Os processos de gestão orientados para e pelas clientes caracterizam-se como os mais modernos processos atualmente em vigor, visto consolidarem os conhecimentos e tecnologia de domínio profissional no referencial expresso pela clientela, objetivando um conjunto harmônico de expectativas construído por ambos, profissional e cliente.

Os resultados desta consolidação mudam o panorama da assistência obstétrica, redirecionando-a para as modernas práticas de gestão participativa, centrada nos múltiplos problemas biológicos, psicológicos, sociais, cuidativos, culturais e educacionais, enquanto indicadores de valor para a intervenção profissional, centrada na qualidade.

Os clientes desejam, hoje, que os seres humanos lhes prestem serviços, não apenas com as mãos, mas também com a cabeça e o coração (HAMMER,1997).

Em nosso meio, Wanda de Aguiar Horta, já nos anos 70, afirmava que éramos ou melhor, deveríamos nos ver, como "gente cuidando de gente". APRESENTANDO, ANALISANDO E DISCUTINDO OS RESULTADOS DE PROCESSOS DE AUDITORIA.

Os primeiros trabalhos de auditoria na área da assistência materno-infantil, publicados, referem-se aos capítulos Auditoria na unidade de alojamento conjunto – mãe e recém-nascido do livro de CIANCIARULLO (1997), onde são apresentados e discutidos os resultados estudados durante o período de um ano. Foram então analisados não apenas os resultados do processo de auditoria retrospectiva, mas também as diferenças de resultados obtidos por diferentes auditoras e as alterações dos indicadores nos trimestres estudados. Esta forma de análise permitiu uma visualização consistente de um processo de auditoria continuado, realizado durante um ano, do comportamento das auditoras em relação à coerência de suas avaliações e das condições de saída do paciente do hospital.

Após a coleta dos dados executada pelas enfermeiras auditoras, estes foram tabulados manualmente e analisados sob a forma de escores ou porcentagens de alcance dos padrões conforme explicitado no capítulo 6.

Cabe destacar a nossa preocupação em relação às diferentes e possíveis formas de tratamento dos dados obtidos, de modo a possibilitar a utilização dos instrumentos aqui apresentados sem a preocupação de uso de estatísticas sofisticadas.

Assim, a preocupação maior deve fixar-se na composição e preparo do grupo de auditores para uma eficaz obtenção de dados. A questão do tratamento destes dados diz respeito à disponibilidade atual ou futura da instituição onde se realiza o processo de auditoria.

A nossa experiência de utilização cotidiana dos dados obtidos, seja pela auditoria retrospectiva, seja pela auditoria operacional, ficou durante muitos anos restrita aos percentuais dos valores obtidos para cada um dos itens ou para cada uma das partes. Nem por isso perdemos a oportunidade de tomar importantes decisões em relação aos altos e baixos indicadores encontrados nas diversas unidades ou serviços.

Como exemplo, passaremos a analisar o Quadro 1, onde se destacam os percentuais obtidos por meio da análise retrospectiva dos dados do Alojamento Conjunto Mãe e Recém-nascido num determinado período do ano de 1996.

Quadro 1: Percentuais obtidos para as áreas analisadas do alojamento conjunto mãe e recém-nascido (HU, 1996).

Áreas	I	II	III	IV	V	VI	VII
A/C mãe	55,9	83,0	97,9	89,0	88,7	44,8	72,0
A/C Rn	83,3	80,2	92,2	68,6	90,0	44,4	88,5

A primeira coluna refere-se ao levantamento de dados por ocasião da internação da mãe no Centro Obstétrico ou na Maternidade e do Recém-nascido no Berçário quando aí permanece por um período de seis horas de observação. O indicador de qualidade do levantamento dos dados preconizado pelas enfermeiras de cada uma das unidades, mostrou-se suficiente ou adequado em relação aos recém-nascidos (83,3 %) e insuficiente (55,9 %) em relação às suas mães. Estes dados iniciais das parturientes no HU-USP, são obtidos quando da entrevista inicial realizada por enfermeiras.

Assim, o desempenho das enfermeiras do Berçário, onde o recém-nascido passa suas seis primeiras horas de vida, parece atender melhor aos critérios por elas explicitados, do que o das enfermeiras do Alojamento Conjunto, em relação às mães.

Esta é uma das maneiras de se proceder à análise dos resultados obtidos pelo processo de auditoria, que possibilita o encaminhamento de sugestões para uma intervenção nos programas internos de atualização da unidade ou nos programas de educação continuada do hospital.

As áreas II e III apresentaram indicações de alcance das metas estabelecidas para ambos, mãe e recém-nascido; definindo como adequados (igual ou superior a 80%), os desempenhos das enfermeiras e das auxiliares de enfermagem, visto que a elaboração de prescrições e evoluções de enfermagem (área II) são da competência exclusiva das enfermeiras e a execução de anotações (área III) geralmente se situa no âmbito das auxiliares e dos técnicos de enfermagem.

Já na área IV (execução de ordens médicas), os resultados observados para as mães apresentaram indicadores compatíveis com as expectativas de desempenho dos auxiliares e técnicos de enfermagem, enquanto que os resultados que se referem aos recém-nascidos apresentaram uma importante defasagem, entre as expectativas estabelecidas para o seu desempenho (80%) e os achados de auditoria (68,6 %).

A área V (execução de procedimentos) apresentou resultados considerados como adequados para ambos (mãe e recém-nascido).

A área VI (preparo para alta) por sua vez apresentou indicações de desconformidade com as metas estabelecidas, tanto em relação à mãe, quanto em relação ao recém-nascido. O preparo para alta, que se caracteriza neste hospital por ser um dos seus parâmetros de sucesso, quando fazendo uso do paradigma do autocuidado prepara as mães e os pais para cuidar dos seus filhos recém-nascidos, ficou seriamente prejudicado nesta análise.

Os resultados todos, tanto os de conformidade quanto aqueles não alcançaram as metas estabelecidas, devem ser objeto de divulgação precoce, objetivando a tomada de decisão para a implementação de ações corretivas ou de reforço para as equipes produtivas.

A seguir, se quisermos caracterizar as áreas, em função dos seus itens, para uma visualização mais detalhada dos componentes dos indicadores em sua espécie, isto se torna possível e é indicado, objetivando identificar as variações dos valores encontrados e subseqüente indicação de ações de correção.

A análise de cada item também pode ser realizada por meio de médias de escores, que possibilitam a classificação dos resultados, acima e abaixo dos valores determinados como padrão desejado. A utilização de escores e da sua forma de análise para cada um dos itens foi descrita por CIANCIARULLO (1997) em seu livro "Teoria e Prática em Auditoria de Cuidados".

O importante é que se mantenha um processo sistematizado de coleta de dados de forma a obter um cenário descritivo da realidade, dentro de um determinado tempo, capaz de subsidiar decisões gerenciais direcionadas para a qualidade da assistência de enfermagem.

UMA VISÃO DO PROCESSO ATUAL DE ANÁLISE DOS DADOS

A estrutura atual dos instrumentos utilizados no Hospital Universitário da USP, apresentados no Capítulo 6, permite a análise dos resultados obtidos, sob a forma de indicadores de alcance relativos a cada uma das áreas (I – levantamento de dados, II – evoluções de enfermagem, III – prescrições de enfermagem, IV – anotações de enfermagem, V – execução de prescrições médicas, VI – procedimentos de enfermagem, VII – condições de alta e VIII – retorno de enfermagem), constituídas pelos conjuntos dos respectivos itens ou a cada um dos itens, como já foi especificado anteriormente.

Vamos agora apresentar uma outra forma de compilação e análise dos dados obtidos pela auditoria retrospectiva.

O programa utilizado foi o SPSS e os resultados são apresentados a seguir.

O Gráfico 1 apresenta os resultados de auditoria realizada no período de doze meses referentes ao levantamento de dados das mães e dos recém-nascidos, por ocasião de suas admissões nas unidades de internação.

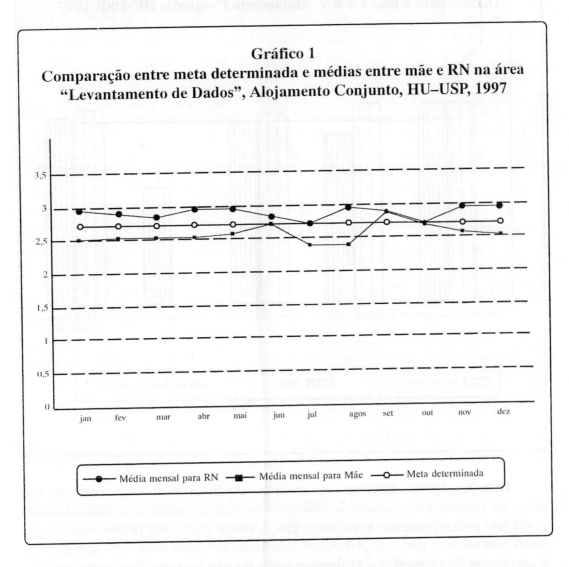

Gráfico 1
Comparação entre meta determinada e médias entre mãe e RN na área "Levantamento de Dados", Alojamento Conjunto, HU–USP, 1997

Como se pode observar, enquanto as médias encontradas para os recém-nascidos mantêm-se num patamar superior à meta estabelecida, as médias encontradas para as mães alcançam ou superam a meta estabelecida em apenas dois momentos: nos meses de junho e setembro, mantendo-se nos demais meses com médias situadas em níveis inferiores aos estabelecidos como meta.

Ao analisarmos os dados discriminados pelos itens da área correspondente ao levantamento de dados, podemos observar os itens cujas médias mensais situaram-se abaixo da meta determinada, a saber, o registro da admissão e a documentação dos problemas psicossociais (Gráfico 2).

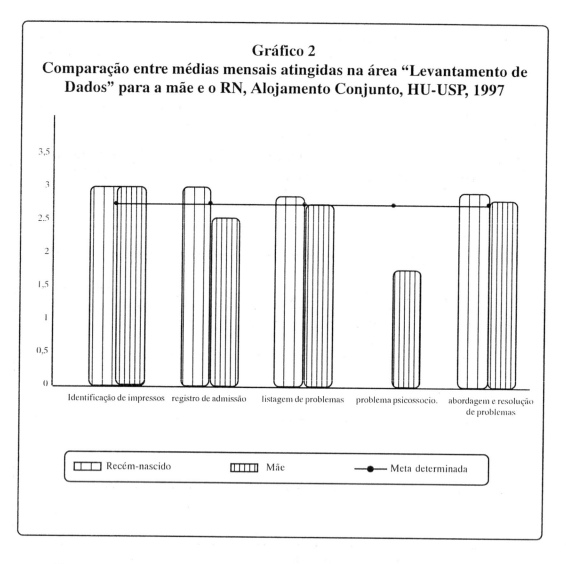

Gráfico 2
Comparação entre médias mensais atingidas na área "Levantamento de Dados" para a mãe e o RN, Alojamento Conjunto, HU-USP, 1997

Estes resultados oferecem uma nova perspectiva para o direcionamento das ações de suporte para a correção dos processos de documentação dos dados de referência para o processo de enfermagem. A identificação dos pontos vulneráveis do levantamento de dados no processo de admissão, gera uma nova suposição relativa à adequação do preparo dos enfermeiros em relação ao significado dos aspectos biopsicossociais da parturiente para o processo do cuidar. Este aspecto tem sido sobejamente discutido no âmbito da assistência à saúde reprodutiva da mulher.

Como se pode ver, abre-se uma nova perspectiva de promover o desenvolvimento de recursos humanos, para responder às necessidades da clientela. Certamente esta nova perspectiva, refletir-se-á nos programas de orientação e educação continuada dos enfermeiros desta unidade.

Outro aspecto a ser diferenciado é o fato de que, apesar dos padrões de assistência estarem explicitados em todas as unidades do hospital, se não houvesse uma formalização do processo de controle da qualidade da assistência, esta não conformidade com o padrão estabelecido, certamente passaria despercebida.

No Gráfico 3 são apresentados os resultados relativos às prescrições de enfermagem, observadas na unidade, onde todas as médias mensais mostraram-se iguais ou superiores à meta estabelecida, permitindo um movimento de valorização do trabalho realizado na unidade pelas enfermeiras.

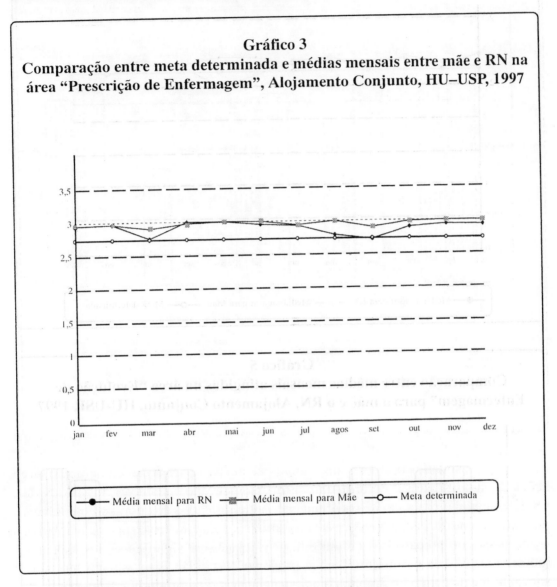

Gráfico 3
Comparação entre meta determinada e médias mensais entre mãe e RN na área "Prescrição de Enfermagem", Alojamento Conjunto, HU–USP, 1997

O Gráfico 4 apresenta as médias encontradas para as evoluções de enfermagem observadas na unidade, que se situam num nível adequado com exceção do mês de agosto, quando a média obtida para as evoluções de enfermagem das mães situou-se abaixo do esperado. Este resultado pode ser visualizado sob a forma discriminada dos itens que compõem a área (Gráfico 5), onde se observam as médias obtidas pelos itens, visão geral do paciente e descrição comparativa dos cuidados, localizados em nível próximo à meta estabelecida.

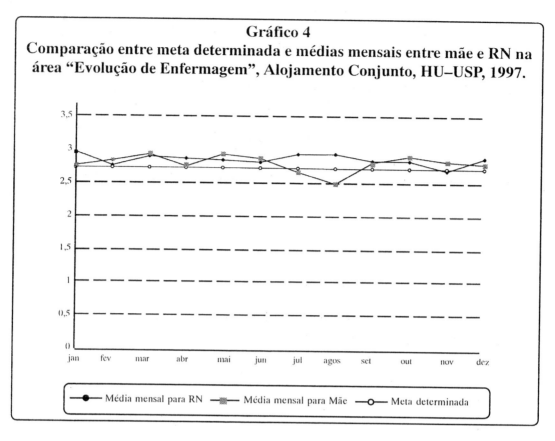

Gráfico 4
Comparação entre meta determinada e médias mensais entre mãe e RN na área "Evolução de Enfermagem", Alojamento Conjunto, HU–USP, 1997.

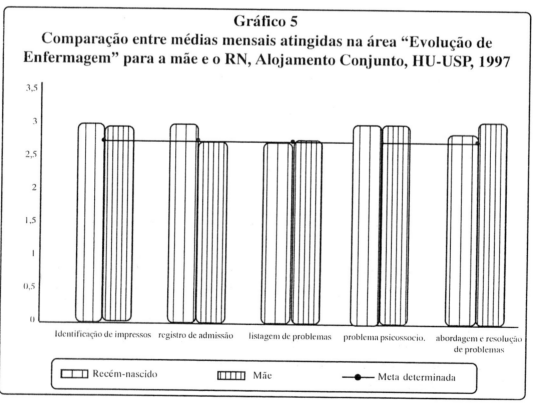

Gráfico 5
Comparação entre médias mensais atingidas na área "Evolução de Enfermagem" para a mãe e o RN, Alojamento Conjunto, HU-USP, 1997

Estes exemplos oferecem opções de direcionamento da análise a ser processada a partir dos resultados obtidos do tratamento dos dados coletados dos prontuários ou por meio da observação direta quando se tratar de auditoria operacional.

A partir desta análise, o Grupo de Padrões e Auditoria (GEPA) elabora um relatório, onde as sugestões já consolidadas pelo Grupo são expostas aos gestores das Unidades de Alojamento Conjunto, Berçário e Centro Obstétrico, visto participarem em diferentes momentos dos processos assistenciais, que foram objeto da análise realizada.

Há que se visualizar aqui a influência das tendências das organizações do futuro, que em âmbito hospitalar ainda têm um longo caminho a percorrer, para alcançar as novas competências para um novo mundo. No entanto, conhecer suas próprias limitações ou sucessos no cotidiano das suas atividades, concorre e principalmente subsidia a obtenção de um compromisso com um propósito superior, que vai além da missão da instituição ou do Departamento de Enfermagem, alcançando valores e significados que estimulam todos os seus funcionários, clientes e parceiros a ir além das metas estabelecidas.

Dentre as novas formas de visualizar o processo de gestão a partir da análise dos resultados da auditoria podemos destacar:

- os processos de supervisão centrados nos procedimentos vinculam-se potencialmente aos interesses e necessidades da cliente, que tem voz ativa para expressar sua opinião, principalmente na auditoria operacional;

- as informações acerca do desempenho das equipes, não se situam apenas no âmbito dos responsáveis pelo trabalho a ser desenvolvido, mas na documentação dos processos assistenciais;

- propicia a criação de um novo esquema de trabalho, onde todos se sentem representados (pelos itens analisados) e valorizados pelo que fazem (metas alcançadas) ou preocupados pelo que deixaram de fazer (metas não alcançadas);

- a direção do Departamento por sua vez, gerencia equipes que se articulam em torno de projetos específicos voltados para o alcance das metas ou estudo das contingências que levaram ao afastamento dos objetivos;

- a parturiente, o recém-nascido, o marido ou companheiro e a família são respeitados enquanto agentes de um processo cujo último fim é a "maternidade segura";

- as decisões são orientadas pelas informações geradas pelo controle de qualidade, acessíveis e processadas rapidamente;

- as decisões administrativas situam-se nas proximidades da cliente, provendo as suas necessidades de forma competente;

- os sistemas de avaliação de desempenho funcional podem ser analisados à luz do desempenho da unidade, favorecendo uma visão do conjunto e redirecionando os processos de desenvolvimento do capital humano.

Estas perspectivas aqui apresentadas parecem nos dirigir para uma nova maneira de trabalhar, de desenvolver capacidades e recuperar potencialidades dos nossos parceiros de trabalho e principalmente de situar o nosso fazer, na amplitude dos fazeres de outros profissionais, sem, no entanto, deixar de caracterizar e definir a essência da enfermagem, enquanto "gente que cuida de gente".

REFERÊNCIAS BIBLIOGRÁFICAS

CIANCIARULLO, T. I. *Teoria e Prática em Auditoria de Cuidados.* Ícone Editora, São Paulo, 1997.

CIANCIARULLO, T. I. ; FUGULIM, F.M.T.; ANDREONI, S. - *A Hemodiálise em Questão: Opção pela Qualidade Assistencial.* Ícone Editora, São Paulo, 1998.

HAMMER, M. *A essência da nova organização. In: A Organização do Futuro.* Editora Futura, São Paulo, 1997.

Tendências da assistência perinatal

Daisy Maria Rizatto Tronchin
Marta Maria Melleiro

O acentuado desenvolvimento tecnológico, nas últimas cinco décadas, é um dos fatores que tem levado os profissionais da área de saúde a se especializarem cada vez mais. Entretanto, verificamos que somente o aprimoramento profissional atrelado ao avanço tecnológico não garante a qualidade assistencial.

Atualmente, o mundo inteiro reconhece que promotores e consumidores dos avanços técnico-científicos tornaram-se insensíveis aos tradicionais valores humanos e não apenas mudaram a forma de assistir e de morrer, mas também desumanizaram o atendimento em clínicas e consultórios, as internações em hospitais e a pesquisa em seres vivos (AZEVEDO, 1996).

A gestação e o parto, mesmo considerados fenômenos fisiológicos, não diferem dessa realidade. A assistência prestada à mulher e ao recém-nascido (RN), no período perinatal, não vêm contemplando aspectos referentes às informações que possibilitem a escolha do tipo de assistência disponível, estabelecendo diretrizes que impossibilitam e desencorajam as mulheres a tomarem suas próprias decisões, desrespeitando-as em suas crenças, valores e conhecimentos.

ARRUDA (1989) constata que a intervenção do profissional pode trazer e traz benefícios, mas ela seria vista mais positivamente se não se expressar sob suas normas, atitudes que retratam uma visão estereotipada da mulher como incapaz de emitir opinião sobre o que está lhe sucedendo.

No ciclo gravídico-puerperal, a mulher continua enfrentando sérias dificuldades decorrentes de uma política de saúde que não prioriza a atenção primária, que desfavorece o parto normal e que mantém instituições e profissionais, na maioria das vezes, descompromissados com a qualidade do atendimento. Essa situação se reflete na falta de acesso aos serviços de saúde para a assistência pré-natal e parto, levando a gestante/parturiente a uma peregrinação que segundo TANAKA (1995) coloca a mulher sob risco de vida.

Entendemos que a atenção ao parto, por ser considerada uma urgência, não pode ser recusada por nenhuma instituição de saúde, sem que a parturiente seja devidamente examinada e que na necessidade de transferência para outra instituição sejam considerados o tempo de remoção e a garantia de vaga e do atendimento.

Salientamos, ainda, a importância de que esses estabelecimentos de saúde estejam em consonância aos critérios da inciativa "Maternidade Segura", adotados pelo Ministério da Saúde, onde é preconizado:

1. Garantir informação sobre saúde reprodutiva e direitos da mulher.
2. Garantir assistência durante o ciclo gravídico-puerperal e ao planejamento familiar.
3. Incentivar o parto normal e humanizado.
4. Ter rotinas escritas para normatizar a assistência.
5. Treinar toda a equipe de saúde para implementar as rotinas.
6. Possuir estrutura adequada para atendimento ginecológico e obstétrico.
7. Possuir arquivo e sistema de informação.
8. Avaliar periodicamente os indicadores de saúde materna perinatal.

Os elevados índices de cesáreas no Brasil, retratam o uso indiscriminado de tecnologia e a liberação do parto cirúrgico, associando-se a isso, fatores socioculturais como o medo da dor, a possibilidade de modificações na anatomia e fisiologia do aparelho reprodutor feminino e da perda da libido, além da equivocada idéia popular de que o parto vaginal é mais arriscado para o feto. Em contrapartida, a presença da dor, segundo estudo etnográfico realizado por GUALDA (1993) é um componente essencial da maternidade, pois as mulheres referem que essa experiência é necessária para que, realmente, se tornem mães.

KITZINGER (1978) afirma que houve um processo de aculturação do parto na sociedade ocidental. Ao despersonalizar o parto e, ao mesmo tempo, ao resolver o problema da dor, nossa sociedade teve mais perdas que ganhos, restou o invólucro físico e o significado transcendente foi eliminado. Foi atingido o objetivo que, talvez, esteja implícito nas civilizações tecnologizadas: o controle mecanizado do corpo e a completa anulação das sensações desagradáveis.

A atitude assumida pelos profissionais de saúde, no que se refere ao tipo de parto a que a gestante será submetida, é um outro fator que merece reflexão: as escolas têm investido na formação de profissionais para que compreendam o processo reprodutivo como fisiológico numa perspectiva humanizada? As medidas intervencionistas têm sido realizadas de maneira criteriosa? Os profissionais de saúde, enquanto formadores de opinião, têm se envolvido em campanhas que desmistifiquem as vantagens do parto cirúrgico? E qual vem sendo a efetiva participação da gestante no processo de nascimento?

Segundo GUALDA (1994) tem havido um descaso por parte dos profissionais da área de saúde em considerar os aspectos psicossocioculturais, suscitando uma série de questões polêmicas que envolvem a qualidade da assistência, levando-nos a refletir sobre a nossa atuação frente a essa problemática.

Neste contexto, torna-se imperativo que os profissionais de saúde estejam preparados e sensibilizados para compreenderem a mulher em suas crenças, valores e expectativas, construindo, assim, um sistema que possibilite a sua efetiva participação no processo cuidativo, minimizando a lacuna existente entre o conhecimento profissional e o conhecimento popular.

A Organização Mundial de Saúde (1996), por meio do documento Assistência ao Parto Normal – Um Guia Prático, estabelece ações que devem ser implantadas, revistas ou extintas na assistência perinatal, com enfoque holístico e direcionado ao atendimento das necessidades básicas da mulher e de seu RN.

Essas ações, por serem abrangentes, foram categorizadas em quatro grupos, facilitando a sua compreensão e implementação nos serviços de saúde.

Categoria A: Referentes às práticas que são utilizadas e que devem ser encorajadas

1. Estabelecer onde e por quem o parto será realizado, tendo a participação do marido/companheiro ou de um familiar.
2. Avaliar o risco da gravidez durante o pré-natal, reavaliando a cada consulta de acordo com o tempo de gestação.
3. Monitorizar a mulher, física e emocionalmente, no trabalho de parto, parto e puerpério.
4. Oferecer líquidos durante o trabalho de parto e parto.
5. Respeitar a decisão da mulher sobre o local do nascimento.
6. Providenciar para que os cuidados no trabalho de parto e parto sejam exequíveis e seguros e onde a mulher possa se sentir confiante.
7. Respeitar o direito da mulher de ter privacidade no local de nascimento.
8. Estabelecer suporte empático entre os profissionais de saúde e gestante.
9. Respeitar a escolha da mulher com relação aos acompanhantes durante o parto e nascimento.
10. Dar às mulheres o máximo de informações e explicações que elas desejarem.
11. Usar métodos não invasivos para alívio da dor, durante o trabalho de parto, como massagens e técnicas de relaxamento.
12. Realizar monitorização fetal com ausculta intermitente.
13. Usar o material descartável e descontaminar corretamente os reutilizáveis.
14. Usar luvas nos procedimentos de exame vaginal, durante a recepção do RN e exame da placenta.
15. Permitir a liberdade de posição e movimento no trabalho de parto.
16. Encorajar outra posição, que não a supina no trabalho de parto.
17. Monitorar a evolução do trabalho de parto utilizando o partograma.
18. Utilizar profilaxia com ocitocina no terceiro período do trabalho de parto nas mulheres com risco de hemorragia pós-parto e colher uma amostra de sangue.
19. Dispor de material estéril para o clampeamento do cordão.
20. Prevenir a hipotermia do RN.
21. Desenvolver precocemente o contato pele a pele da mãe e RN e oferecer suporte para iniciar a amamentação uma hora após o parto de acordo com o guia de aleitamento da Organização Mundial de Saúde.
22. Examinar rotineiramente a placenta e membranas.

A implementação dessas práticas, em nosso meio, implica na conscientização dos profissionais em reconhecer a mulher e a família como protagonistas do processo de nascimento, portanto, com poder de decisão. Além disso, salientamos a importância de que essas ações sejam implantadas, considerando-se, sempre, a avaliação da saúde reprodutiva e o fator de risco envolvido.

Categoria B: Práticas que são consideradas ineficazes e que devem ser abandonadas

1. Rotina do uso de enema.
2. Rotina de tricotomia pubiana.
3. Rotina de infusão endovenosa.
4. Rotina profilática de punção venosa.
5. Rotina de uso da posição supina durante o trabalho de parto.
6. Rotina de toque retal.
7. Usar RX pélvico.
8. Não utilizar ocitócicos antes do nascimento quando não houver possibilidade de controle.
9. Rotina do uso da posição litotômica com ou sem suporte para as pernas durante o trabalho de parto.
10. Sustentar ou realizar manobra de Valsalva durante o segundo período do trabalho de parto.
11. Massagear e ampliar a musculatura perineal durante o segundo período do trabalho de parto.
12. Usar drogas como ergotamina no terceiro período para prevenir ou controlar hemorragia.
13. Rotina de administrar a ergotamina parenteral no terceiro período.
14. Rotina de lavagem do útero após o nascimento.
15. Rotina de revisão uterina (exploração manual) após o nascimento.

Observamos que embora essas práticas não sejam mais preconizadas, a maioria dos serviços ainda as utilizam, sendo executadas rotineiramente. Acreditamos que a ausência de reflexão acerca desses procedimentos e a não participação da mulher sejam fatores que sustentam essa realidade.

Categoria C: Práticas que são utilizadas, porém necessitando serem aprofundadas, devendo, por isso, serem utilizadas com cautela

1. Rever e pesquisar métodos não farmacológicos para alívio da dor durante o trabalho de parto como as ervas, imersão em água e estimulação nervosa.
2. Rotina da rotura precoce de membrana no primeiro período do trabalho de parto.
3. Exercer pressão no fundo uterino durante o trabalho de parto.
4. Manobras relativas a proteção do períneo e rotação do polo cefálico no momento do nascimento.

5. Manipulação ativa do feto no momento de nascimento.

6. Rotina da administração de ocitócicos, controle da tração do cordão ou combinação dos dois durante o terceiro período.

7. Clampeamento precoce do cordão umbilical.

8. Estimulação do mamilo para aumentar a contração uterina durante o terceiro período do trabalho de parto.

A controvérsia gerada por essas práticas levam a necessidade de desenvolvimento de pesquisas que detalhem e aprofundem o conhecimento dos profissionais e também, avaliação e respeito à decisão da mulher em acatá-las ou não.

Categoria D: Práticas que são utilizadas freqüentemente, porém inapropriadas

1. Restrição de comida e líquido durante o trabalho de parto.
2. Controle da dor por agentes sistêmicos.
3. Controle da dor por anestesia peridural.
4. Monitorização fetal eletrônica.
5. Uso de máscaras e gorros durante o atendimento no trabalho de parto.
6. Toques vaginais freqüentes especialmente quando atendida por mais de um profissional.
7. Aumento progressivo da infusão de ocitócico.
8. Transporte da mulher para a sala de parto antes de completar o primeiro período.
9. Sondagem vesical.
10. Encorajar a mulher a fazer força no final da dilatação ou próximo ao final, sem que a mulher sinta a progressão do polo cefálico.
11. Estipular rigidamente a duração do segundo período do trabalho de parto.
12. Partos cirúrgicos.
13. Uso rotineiro de episiotomia.
14. Exploração manual do útero após o parto.

Essa categoria engloba, principalmente, os procedimentos cirúrgicos, incluindo os partos cesárea e fórcipe, os quais nem sempre têm indicação criteriosa para sua realização, considerando-se o bem-estar materno e fetal.

Todas essas ações merecem ser analisadas com critérios, de modo a serem adaptadas a cada realidade, tendo em vista as características socioeconômicas e culturais de cada região e onde o conceito de saúde reprodutiva, gestação e parto normal esteja consolidado.

Ressaltamos, ainda, que por meio dessas ações, a avaliação do nascimento deixa de ser inacessível à mulher e seus familiares, proporcionando a sua efetiva participação e tornando a assistência humanizada.

RATTNER (1996) afirma que a humanização abrange uma série de diferentes aspectos referentes às idéias, valores e práticas envolvendo as relações entre profissionais de saúde, pacientes e familiares e/ou acompanhantes; os procedimentos técnicos e rotinas do serviço, atribuição de papéis e distribuição de responsabilidade dentro dessa equipe. Estas características interferem no atendimento à parturiente e ao RN, onde os aspectos emocionais da experiência do nascimento não são valorizados.

A reversão desse quadro, visando a valorização da assistência perinatal, depende de uma mudança de atitude tanto por parte das instituições quanto dos profissionais de saúde. Com relação a isso, GUALDA (1994) relata que a mudança de atitude implica numa vontade consciente de recodificar o saber cientificamente aprendido, reconhecer o sistema cultural contextualizado e trabalhar com os nossos clientes nas soluções possíveis para as dificuldades encontradas.

Cabe, portanto, às instituições de saúde, estimularem a equipe multiprofissional a ter atitudes coerentes, compartilhando de uma mesma filosofia de trabalho e garantindo a continuidade da assistência à gestação, ao parto e ao puerpério. Possibilitar a presença de um acompanhante que confira à mulher suporte emocional durante o parto e puerpério, estimular o relacionamento precoce entre o trinômio mãe-filho-pai e a prática de amamentação, por meio da implantação do sistema alojamento conjunto e flexibilidade de visitas, bem como incentivar a realização de pesquisas nessa área, são estratégias disponíveis para gerar as mudanças desejadas e assistir com qualidade.

Outro aspecto que vem sendo amplamente discutido em nosso meio é a presença da enfermeira obstétrica na condução do trabalho de parto, execução do parto eutócico e reanimação do RN. Consideramos que o desenvolvimento dessas atividades poderão alterar a prática das intervenções cirúrgicas desnecessárias e suas complicações, reduzir os índices de asfixia perinatal e os custos das internações hospitalares.

Segundo TANAKA (1995) na época em que o parto foi institucionalizado havia uma integração dos trabalhos do obstetra e da obstetriz ou da enfermeira obstétrica. Assim, a história pregressa, a clínica e a supervisão do trabalho de parto determinavam o risco da parturiente e a necessidade de se intervir cirurgicamente ou não. Para a consolidação dessa prática torna-se necessário que os órgãos formadores invistam em cursos de especialização em enfermagem obstétrica e que as instituições de saúde incorporem e valorizem o papel dessa profissional.

Acreditamos, portanto, que, enquanto profissionais de saúde, devemos rever nossa prática, questionando o uso exacerbado de tecnologia, sem com isso eliminar a eficiência e eficácia que ela nos proporciona, resgatando e implementando ações que nos instrumentalizem na busca da qualidade assistencial.

Entendemos que a qualidade assistencial perpassa, primeiramente, por uma mudança de atitude, que por sua vez, implica uma vontade consciente por parte do profissional de recodificar o saber cientificamente aprendido, incorporando os esquemas de referências e as manifestações de cuidado no planejamento e implementação de ações assistenciais no processo de nascimento, oferecendo, assim, subsídios que possam contribuir para a melhoria dos indicadores de saúde materno-infantil.

REFERÊNCIAS BIBLIOGRÁFICAS

ARRUDA, A. Um atendimento ao parto para fazer, ver e nascer. In: Encontro Nacional de Saúde da Mulher – Um direito a ser conquistado. Brasília, 1989. *Relatório*, Conselho Nacional dos Direitos da Mulher. CNDM, Ministério da Justiça, 1989, p.35-41.

AZEVEDO, E.S. Bioética e medicina intensiva. *Rev. Bras. Terap. Intens.*, v.8, n.4, p.174-8, out.-dez., 1996.

GUALDA, D.M.R. *Eu conheço minha natureza. Um estudo etnográfico da vivência do parto.* São Paulo, 1993. 238p. Tese (Doutorado) - Escola de Enfermagem, Universidade de São Paulo.

GUALDA, D.M.R. Os vazios da assistência obstétrica: reflexos sobre o parto a partir de um estudo etnográfico. *Rev. Esc. Enf. USP*, v.28, n.3, p.332-6, dez., 1994.

KITZINGER, S. *A experiência de dar a luz.* São Paulo, Martins Fontes, 1987.

TANAKA, A.C. *Maternidade*: dilema entre nascimento e morte. São Paulo, Hucitec, 1995.

RATTNER, D.; HOTIMSKY, S.N.; VENÂNCIO, S.I.; MIRANDA, M.M. *Humanizando o nascimento e parto – o workshop.* São Paulo, NISMC/IS, 1997. [Mimeografado].

REDE NACIONAL FEMINISTA DE SAÚDE E DIREITOS REPRODUTIVOS. *Saúde Materna - Componente Essencial dos Direitos Reprodutivos.* Brasília, 1997.

WORLD HEALTH ORGANIZATION. *Safe Motherhood - Care in normal birth:* a practical guide. Geneva. 1996 (Cientific publication, 54).

Você já Leu:

    C&Q – Controle e Qualidade é mais uma Série que a *Ícone Editora* está desenvolvendo para você.

    O livro **Teoria e Prática em Auditoria de Cuidados** aborda os problemas na área da saúde, oferece os resultados de um processo, que se implementado nas instituições hospitalares de forma contínua e responsável, muito contribuirá para o gerenciamento voltado para a qualidade assistencial.

    As estratégias, os impressos e os critérios são apontados de forma simples e didática. Os resultados de um ano de utilização da auditoria em um hospital universitário, são analisados e discutidos, subsidiando a compreensão dos critérios utilizados.

    O processo discutido na obra já se encontra implantado em cinco hospitais públicos e privados, caracterizando um importante movimento direcionado para a Qualidade na Assistência à Saúde da população necessitária.

C&Q – Controle e Qualidade é mais uma Série que a *Ícone Editora* está desenvolvendo para você.

A Hemodiálise em questão: Opção pela qualidade assistencial apresenta e discute todas condições que visam assegurar uma assistência de qualidade aos pacientes em programa de hemodiálise.

"A devastação dos princípios mais elementares no atendimento às mínimas necessidades de uma clientela sem outras opções, que se situa em risco contínuo de vida, na dependência exclusiva de arquiteturas tecnológicas complicadas, parece um pesadelo kafkaniano, de onde apenas os que despertam conseguem escapar".

Profissionais e clientes dos serviços de Hemodiálise, podem juntos despertar e escapar desta realidade. Máquinas manuseadas de forma adequada, submetidas a controles regulares, não colocam em riscos pacientes; componentes, água e soluções, tratados, manipulados e acondicionados de forma a assegurar condições de uso, não matam; pessoas comprometidas e preparadas não favorecem condições de risco para os pacientes em programas de hemodiálise.